AF314559

CATALOGUE

DES

PORCELAINES

ORIENTALES

ÉMAUX & VERRERIE

Composant la Collection de M. MARQUIS

ET DONT LA VENTE AURA LIEU

HOTEL DROUOT, SALLE N° 8

Les Lundi 12, Mardi 13, Mercredi 14 et Jeudi 15 Février 1883,
à deux heures.

———

COMMISSAIRE-PRISEUR

M° PAUL CHEVALLIER, Succʳ de Mᵉ CH. PILLET,
10, rue de la Grange-Batelière ;

M. CH. MANNHEIM, Expert, 7, rue St-Georges ;
Chez lesquels se trouve le présent Catalogue.

———

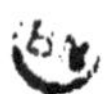

EXPOSITIONS

PARTICULIÈRE	PUBLIQUE
Le Samedi 10 *Février* 1883	*Le Dimanche* 11 *Février* 1883

De une heure à cinq heures.

CONDITIONS DE LA VENTE

La vente sera faite au comptant.

Les acquéreurs payeront cinq pour cent en sus des enchères applicables aux frais.

L'exposition mettant le public à même de se rendre compte de l'état des objets, il ne sera admis aucune réclamation une fois l'adjudication prononcée.

ORDRE DES VACATIONS

Lundi	12 Février 1883			1 à	140
Mardi	13	—	—	141	280
Mercredi	14	—	—	281	420
Jeudi	15	—	—	421	569

Paris. — Typ. Pillet et Dumoulin, 5, rue des Grands-Augustins.

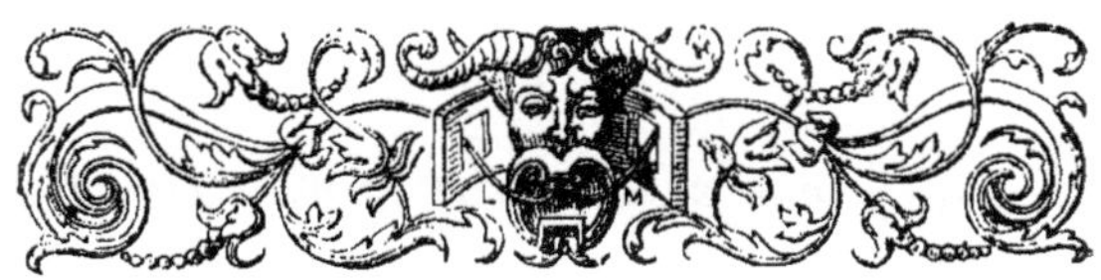

Lorsque M. Marquis nous confia, il y a quelques années, le soin de classer et de décrire les objets de sa collection de porcelaines de l'extrême Orient, nous étions loin de supposer que notre travail fût destiné à devenir un catalogue de vente.

Ce n'est jamais sans un certain sentiment de tristesse et de regret que nous voyons se disperser aux hasards des enchères une collection composée avec ce soin, ce goût, ce discernement, cette passion éclairée, et dont les séries forment des ensembles si difficiles à réunir aujourd'hui. Celle-ci est trop connue pour qu'il soit nécessaire d'en faire l'éloge; ses richesses sont trop nombreuses pour que nous songions seulement à choisir parmi elles les spécimens les plus dignes d'être signalés.

Il n'est pas, en effet, à Paris un amateur, nous le répétons, qui ne sache à quoi s'en tenir sur la valeur des trésors qu'elle renferme, et plus d'un, nous en avons l'assurance, a d'avance jeté son dévolu sur telle pièce rare, exquise, unique dont il rêve d'enrichir sa collection.

Les ventes comme celle-ci sont de véritables bonnes fortunes pour les collectionneurs ; elle est du très petit nombre de celles dont le souvenir reste, de celles qu'on citera plus tard comme on cite les ventes de Montebello, Férol, Daigremont, Monville, Barbet de Jouy, et qui laissent comme un titre de noblesse aux objets qui en proviennent, le nom de leur premier possesseur.

PAUL GASNAULT.

DÉSIGNATION

——›»»×‹‹‹•——

PORCELAINES DE CHINE

FABRICATIONS EXCEPTIONNELLES

BLANCS

1 — Petit brûle-parfums de forme sphérique surbaissée, figurant un animal chimérique ; le couvercle, formé par la tète à gueule entr'ouverte, est percé en dessous de quatre trous et renferme une boule mobile en biscuit.

Haut. 0.078. Diam. 0.070.

2 — Petit écran quadrangulaire porté sur deux pieds, décoré en relief d'un personnage porté sur une branche d'arbre.

Haut. 0.095. Diam. 0.090.

I

3 — Petite coupe à cinq lobes et cinq petits pieds figurant une fleur de nelumbo, au cœur de laquelle se tient debout une petite figure de Pou-Taï.

Haut. o.o4. Diam. o.o8.

4 — Tasse hémisphérique à bord évasé, portant pour toute décoration une inscription de quatre caractères gravés en creux.

Haut. o.o48. Diam. o.o75.

5 — Vase fuselé à base et col cylindriques et ouverture évasée ; de chaque côté du col, une petite anse, formée par une branche de pêcher dont les fleurs en relief s'épanchent sur le col et l'épaulement ; la panse est divisée en quatre lobes dont chacun porte un médaillon carré à angle rentrant, occupé sur les faces par une inscription en trois colonnes gravée en creux, et, sur les côtés, par des rochers fleuris, également gravés en creux.

Haut. o.346. Diam. o.15o.

6 — Petit groupe représentant un loir sur une branche de pampres : le pelage de l'animal et les nervures des feuilles sont figurés par des traits gravés.

Long. o.16.

7 — Vase turbiné à col cylindrique et ouverture évasée ; porcelaine blanche à décor gaufré et gravé

représentant des dragons au milieu des nuages;
sur l'épaulement, une bordure festonnée à lambrequin.

En dessous, marque à la feuille.

Haut. 0.20. Diam. 0.10.

8 — Gourde orbiculaire à piédouche et col renflé à
sa partie supérieure; deux anses, partant de ce
renflement, vont se rattacher à la panse; porcelaine
blanche décorée en relief de bordures grecques,
couronnes de rinceaux et rosaces portant au cœur
le caractère bonheur.

Haut. 0.21. Diam. 0.14.

9 — Petite bouteille à corps sphéroïdal et col cylindrique s'évasant à l'ouverture; décor en relief; sur
l'épaulement, une guirlande fleurie formant bordure, au-dessus et à l'ouverture, une rangée de
dents de loup.

Pied en bois de fer.

Haut. 0.10. Diam. 0.08.

10 — Bouteille à corps sphérique et col cylindrique;
porcelaine blanche décorée en relief de rinceaux
fleuris, et bordures ornementales; autour du col,
couronne de feuilles d'eau dressées.

Haut. 0.525. Diam. 0.190.

11 — Lagène de forme aplatie, portant au col deux

anses latérales en aileron; décor en relief de grecques, fleurons et dragons ornemanisés.

En dessous, cachet gravé à la date de *Kien-Long* (1736-1796).

Haut. 0.285. Diam. 0.160.

12 — Vase cylindro-ovoïde, portant à la base et à la partie supérieure une bordure gaufrée de losanges entrecroisés; au pourtour, des bouquets de pivoines semés, en blanc d'engobe.

Couvercle plat en bois de fer à bouton d'onyx, représentant un groupe de fruits.

Haut. 0.17. Diam. 0.16.

13 — Petit vase ovoïde à ouverture conique, décoré en blanc d'engobe, de bambous et pivoines.

Pied en bois de fer.

Haut. 0.145. Diam. 0.090.

14 — Petit bol campanulé à pourtour ajouré, portant cinq médaillons circulaires chargés de personnages en relief portant des traces de dorure; au culot et à l'ouverture, bordures arabesques en blanc d'engobe.

Pied en bois de fer.

Haut. 0.05. Diam. 0,10

15 — Brûle-parfums de forme sphéroïdale, à base et col cylindriques, et deux anses latérales formées par des dragons à queue fourchue, émaillés en rose.

En dessous, Nien-Hao à six caractères : *Young-tching* (1723-1736).

Couvercle ajouré en bois de fer, à bouton de jade vert figurant un groupe de Ling-Tchy.

Pied en bois de fer à quatre consoles.

Haut. o.14. Diam. o.24.

16 — Vase cylindrique à pied élargi et col évasé entouré d'un dragon en relief. Blanc de Chine.

Haut. o.195. Diam. o.065.

COUVERTE JAUNE

17 — Pitong entièrement émaillé en jaune imitant une section de bambou ; décor en relief, des chevaux paissant au bord d'une rivière.

En dessous, cachet en creux à la date de ~~Kien-Long (1736-1796)~~.

Pied en bois de fer.

Haut. o.115. Diam. o.o5o.

18 — Petit plateau rectangulaire à angles rentrant, à ombilic pourvu à sa partie supérieure d'une petite galerie destinée à recevoir une tasse ; couverte jaune-pâle et décor en relief, représentant les flots de la mer au milieu desquels nage un dragon à cinq griffes.

Long. o.13. Larg. o 10.

19 — Petite coupe à sept lobes entièrement émaillée
en jaune et figurant une feuille de nelumbo repliée,
les nervures saillantes à l'extérieur sont gravées en
creux à l'intérieur.

Diam. 0.06.

20 — Bol campanulé entièrement émaillé en jaune
impérial, à décor gravé dans la pâte et émaillé
en vert: Deux dragons volant dans les nuages au-
dessus des flots de la mer.

En dessous, en bleu sous couverte, un médaillon
rectangulaire contenant quatre rosaces, entourées
d'entrelacs.

Haut. 0.090. Diam. 0.195.

21 — Petit bol campanulé entièrement émaillé en
jaune et décoré en vert; au pourtour, deux dragons
volant au milieu des nuages, au dessus, une bordure de rinceaux; au fond, dans un médaillon circulaire, le caractère Longévité.

En dessous, cachet à la date de *Kien-Long*
(1736-1796).

Haut. 0.0.50. Diam. 0.105.

22 — Bouteille piriforme à piédouche et col étroit
s'évasant à l'ouverture, fond émaillé jaune soufre,
portant, sur chaque face, un médaillon réservé en
forme de rouleau développé, décoré d'un paysage
en encre de Chine.

Haut. 0.195. Diam. 0.100.

23 — Boîte lenticulaire à fond jaune impérial à décor arabesque gaufré en relief et émaillé en vert.

En dessous, une inscription de trois caractères tracée en noir.

24 — Plat à bord évasé et lobé, complètement émaillé en jaune d'ocre et décoré sur le bord d'une large guirlande polychrome de pivoines, chrysanthèmes et liserons.

Diam. 0.2⁶.

25 — Bol campanulé fond émaillé jaune, décoré en bleu sous couverte de rinceaux à feuillage et fleurs ornementales au culot, de faux godrons, bordure extérieure de grecques, et intérieure de rinceaux, répétée sur le pied.

En dessous, Nien-Hao à six caractères à la date de *Young-Tching* (1723-1736).

Pied à béquilles en bois de fer.

Haut. 0.115. Diam. 0.235.

26 — Deux petites tasses campanulées à bords festonnés; couverte jaune d'ocre décorée en vert de dragons volant au-dessus de la mer, au milieu de nuages, figurés par des taches brunes.

Haut. 0.04. Diam. 0.07.

27 — Deux éléphants émaillés en jaune d'ocre, portant sur le dos un vase en forme de cornet et posé

sur une housse à frange verte et bordure noire décorée de fleurs de pêcher roses à cœur vert, se détachant sur un fond blanc. *Tao Koang*

Haut. 0.152. Long. 0.145.

28 — Deux cornets affectant la forme de troncons de bambous, entièrement émaillés en jaune d'ocre; décor en relief: à la base, double rangée de perles; sur la face, en émaux de couleurs, des nélumbos et autres plantes aquatiques, une grue et un oiseau perché. *Tao Koang*

Haut. 0.28. Diam. 0.12ʳ

29 — Vase turbiné à petit col court et légèrement évasé, couverte jaune d'ocre, décor en relief émaillé en vert; à la base, les flots de la mer d'où émerge un dragon à cinq griffes; un autre dragon vole au-dessus, au milieu des nuages.

Haut. 0.44. Diam. 0.22.

30 — Deux bols hémisphériques décorés, sur fond jaune pâle, de tiges de fleurs de lis symétriques, au fond un médaillon avec fleur ornementale entourée de feuillages.

En dessous marque à six caractères, à la date de *Young-Tching* (1723-1736).

Diam. 0.195.

31 — Pitong formé par une tige de bambou émaillée en jaune et décoré, en couleur, d'une branche de

chrysanthème en relief s'échappant d'un rocher émaillé en bleu.

Haut. 0.115. Diam. 0 06.

32 — Petit pitong cylindrique; couverte chamois décorée en rouge d'un paysage délicatement peint.

En dessous un cachet à la date de *Kien-Long* (1736-1796).

Haut. 0.098. Diam. 0.065.

COUVERTE ROUGE

33 — Bouteille à corps sphérique et col cylindrique s'évasant légèrement. Couverte rouge de fer sur laquelle se détache un dragon à cinq griffes émaillé en vert, lançant la foudre.

Haut. 0.196. Diam. 0.130.

34 — Vase turbiné à petit col légèrement évasé. Couverte émaillée amarante décorée d'un papillon en couleurs brillantes.

Haut. 0.26. Diam. 0.14.

35 — Petite boîte de forme sphérique surbaissée, fond rouge de fer, bordures fleuronnées; sur la partie supérieure, rosace à huit divisions décorée de fleurs sur fond blanc.

Cachet à la date de *Kien-Long* (1736-1796).

Pied en bois de fer.

Diam. 0.068.

36 — Petite boîte à cinq lobes de forme surbaissée ;
fond vert chair de poule ; sur le couvercle, médaillon circulaire contenant un paysage.

Cachet en rouge à la date de *Kien-Long*.

Diam. 0.065.

37 — Deux petits gobelets obconiques s'évasant à l'ouverture à couverte rouge de fer uni et bord supérieur doré.

Haut. 0.05.

COUVERTE NOIRE

38 — Gourde sur piédouche à col renflé à sa partie
supérieure et ouverture cylindrique. Couverte
noire décorée en or de bordures et fleurs ornementales.

Haut. 0.205. Diam. 0.105.

39 — Deux petits flacons piriformes. Couverte noire à
décor arabesque doré.

Haut. 0,08. Diam. 0.04.

ÉMAUX VERTS

40 — Vase bursaire à col cylindrique flanqué de deux
anses tubulaires. Couverte vert foncé à reflets iri-
sés et craquelures brunes.

Très beau et très rare spécimen.

Haut. o.15. Diam. o.09.

41 — Bouteille à corps sphérique et col cylindrique. Couverte d'un vert bleuâtre à craquelures noires.

Haut. o.140. Diam. o.105.

42 — Bouteille ovoïde à col cylindrique à couverte très vitreuse craquelée vert émeraude.

Haut. o.275. Diam. o.140.

43 — Vase ovoïde à huit côtes séparées par un filet saillant et ouverture circulaire en truité vert camélia.

Haut. o.22. Diam. o.10.

44 — Vase ovoïde à six lobes à couverte truitée vert camélia, décoré de gravures sous émail figurant des branches de courge chargées de feuillages et de fruits.

Pied en bois de fer.

Haut. o.208. Diam. o.100.

45 — Bouteille à corps sphérique et col cylindrique. Couverte vert camélia finement truitée.

Haut. o.39. Diam. o.23.

46 — Bouteille à corps ovoïde et col cylindrique vert camélia finement truité.

Pied en bois de fer.

Haut. o.23. Diam. o.12

47 — Petite bouteille à corps sphérique et col cylindrique. Couverte vert camélia à décor gravé représentant un dragon à cinq griffes volant au milieu des nuages.

Haut. 0.132. Diam. 0.090.

48 — Grand plat très évasé; truité vert camélia.

Diam. 0.27.

49 — Petit vase ovoïde à col court et ouverture évasée. Couverte vert bleuâtre finement truitée. Pied à béquille en bois de fer.

Haut. 0.148. Diam. 0.065.

50 — Bol campanulé surbaissé à couverte d'un vert très brillant et décor gravé de grecques et dragons ornemanisés rappelant le style des bronzes antiques chinois.

En dessous, Nien-Hao à six caractères : *Young-Tching* (1723-1736).

Haut. 0.055. Diam. 0.150.

51 — Vase turbiné à col évasé et bord doré, portant deux anses en ailerons. Fond vert d'eau et décor en relief représentant des dragons à cinq griffes volant parmi des nuages au-dessus des flots de la mer. Sur l'épaulement, bordure de demi-rosaces; sur le col, sur chaque face, une chauve-souris or-

nementale au milieu de nuages entre deux bordures festonnées.

En dessous, un cachet gravé en creux à la date de *Kien-Long* (1736-1796).

Haut. 0.44. Diam. 0.19.

52 — Boîte cylindrique à couvercle plat. Couverte vert d'eau décorée en relief de grecques et de caractères archaïques.

En dessous, cachet gravé en creux à la date de *Kien-Long*.

Haut. 0.04. Diam. 0.07.

53 — Grand plat creux à couverte vert foncé décorée en réserve de dragons volants dans les nuages en vert plus pâle.

En-dessous, Nien-Hao à six caractères, *Kang-Hy* (1662-1722).

Diam. 0.315.

54 — Compotier à bord légèrement évasé, entièrement émaillé en vert d'eau et décoré en plein de rinceaux à feuilles et fleurs ornementales parmi lesquels volent deux Fong-hoangs.

En dessous, un cachet en bleu sous couverte contenant des fleurs.

Diam. 0.22.

55 — Gobelet à couverte verdâtre nuageuse décorée

en émail blanc, rehaussée de bleu turquoise pâle, de fleurs ornementales parmi lesquelles se voit le caractère *Longévité* quatre fois répété.

En dessous, cachet tracé en rouge à la date de *Kien-Long* (1736-1796).

Haut. o.o65. Diam. o.ogo.

56 — Bol campanulé, décoré extérieurement de dragons volant dans les nuages au-dessus des flots de la mer, gaufrés et émaillés en violet sur fond émaillé vert.

En dessous, cachet en bleu sous couverte à la date de Kien-Long (1736-1796).

Haut. o.o55. Diam. o.140.

57 — Deux coupes de forme surbaissée à bord rentrant entièrement émaillées en vert d'eau et à décor gravé de bordures et fleurs ornementales parmi lesquelles se voit le caractère *Longévité* quatre fois répété, de fausses craquelures sont simulées au pinceau et tracées en noir.

58 — Vase quadrangulaire à base cylindrique et ouverture conique. Décor en relief; aux angles, les Koua de Fou-Hi. Fond vert bleuâtre jaspé de violet.

Pied en bois de fer.

Haut. o.140. Diam o.65.

59 — Petite bouteille à quatre lobes coupés par quatre filets saillants. Couverte vert camélia.

Haut. 0.13. Diam. 0.07.

60 — Petit vase campanulé à bord rentrant. Couverte vert camélia. Couvercle en bois ajouré à bouton de cornaline.

Diam. 0.055.

61 — Grande bouteille piriforme à piédouche et col cylindrique, émaillé en vert pâle veiné de noir.

En dessous, cachet en rouge à la date de *Kien-Long* (1736-1796).

Haut. 0.38. Diam. 0.19.

BLEU TURQUOISE

ET

VIOLET AUBERGINE

62 — Brûle-parfums en forme de crapaud entièrement émaillé en bleu turquoise, sauf la pupille des yeux émaillée en noir.

Pied en bois laqué à quatre lobes supporté par quatre pieds en console et décoré des flots de la mer en or.

Haut. 0.15. Diam. 0.22.

63 — Vase cylindrique à épaulement arrondi et col légèrement évasé à ouverture cylindrique. — Bleu
turquoise finement truité à décor gravé dans la
pâte: des rochers d'où s'élance un pêcher en fleurs
autour duquel volent des oiseaux.

Haut. 0.41. Diam. 0.14.

64 — Vase ovoïde à huit côtes et ouverture circulaire,
en truité bleu turquoise.

Haut. 0.23. Diam. 0.11.

65 — Petit vase doliiforme cerclé à la base et à la
partie supérieure d'un rang de perles en relief,
truité bleu turquoise.

Haut. 0.140. Diem. 0.075.

66 — Petite bouteille piriforme à piédouche et col
évasé, truité bleu turquoise à décor gravé d'arabesques.

Haut. 0.135. Diam. 0.075.

67 — Petit vase d'applique formé par une courge
accompagnée de ses feuilles. — Bleu turquoise
finement truité.

Long. 0.165

68 — Théière à huit pans, à anse en poignée et goulot en S. — Truité bleu turquoise foncé.

Haut. 0.12. Diam. 0.09.

69 — Théière sphérique à couvercle plat dont le bouton est formé par un chien de Fô assis. — Céladon fleuri bleu turquoise.

Pied en bois de fer sculpté.

Haut. 0.09. Diam. 0.11.

70 — Coupe turbinée à huit lobes et bord festonné, portant à la base une rangée de godrons plats en relief. — Truité bleu turquoise.

Diam. 0.21.

71 — Deux perroquets en truité bleu turquoise, perchés sur des rochers ajourés, émaillés en violet aubergine.

La base est montée sur un socle en argent doré finement ciselé, et portant, gravé sur un des côtés : *T*. 3638 (Trianon ?).

Haut. 0.24. Diam. à la base 0.14.

72 — Vase d'applique bursaire décoré en relief d'un treillis imitant la vannerie ; couverte violet aubergine, marbré de bleu turquoise.

Haut. 0.15. Diam. 0.12.

73 — Plateau hexagone élevé sur six pieds en console ; couverte violet d'aubergine.

Haut. 0.08. Diam. 0.24.

74 — Bouteille à corps sphérique, à piédouche, col

2

cylindrique, céladon bleu turquoise gaufré et gravé.
Sur le corps, deux zones dont l'une à dragons sur
fond imbriqué, et l'autre décorée de grecques ; autour du col, couronne de feuilles d'eau.

Haut. 0.23. Diam. 0.12.

75 — Vase ovoïde légèrement aplati, sur piédouche, à
col portant un renflement autour de l'ouverture
et deux anses formées par des dragons. Couverte
bleu turquoise truitée.

Haut. 0.225. Diam. 0.120.

76 — Veilleuse en forme de chat couché, couverte bleu
turquoise marbrée de violet.
Les yeux, la gueule et les oreilles sont ajourés.

Long 0.14.

77 — Plateau rectangulaire à quatre pieds formés par
des animaux chimériques. Couverte bleu turquoise.

Long. 0.19. Larg. 0.09

78 — Bouteille à col cylindrique et ouverture évasée.
Couverte bleu turquoise. Monture en argent doré.

Haut. 0.15. Diam. 0.08.

79 — Vase ovoïde à ouverture évasée. Col émaillé
bleu turquoise à taches métalliques avec coulures
sur le corps émaillé en jaune soufre.

Haut. 0.18. Diam. 0.08.

80 — Deux chats couchés en porcelaine bleu turquoise, posés sur des plateaux ovales en vieux violet, entourés d'une draperie à gland en bronze doré de style Louis XVI. Les·yeux des chats sont rapportés en verre.

Long. du plateau o 20.

CÉLADONS

DE DIVERSES NUANCES

81 — Vase bursaire à piédouche, de forme aplatie, à deux anses latérales soutenant des anneaux mobiles. Céladon vert d'eau, décoré d'ornements en relief empruntés à la décoration des bronzes anciens.

Haut. o.17. Diam. o.14.

82 — Théière en forme de gourde à deux renflements à anse en S et goulot formé par des branches d'arbre, et rattachés au corps du vase par des tiges pourvues de feuilles. Céladon fleuri vert d'eau. Sur chaque renflement et à l'ouverture, ceinture de grecques.

Haut. o.23. Diam. o 12.

83 — Bouteille à corps ovoïde et long col évasé, coupé à sa base par un filet saillant; couverte bleu empois décorée en bleu foncé de dragons ornemanisés et

d'oiseaux volant ; autour du col, deux bordures ornementales. En dessous, Nien-haô à six caractères de la période *Tching-Hoâ* (1465-1487).

Haut. o.2o5. Diam. o.o6o.

84 — Lagène hexagone aplatie, portant au col deux anses latérales en aileron ; fond céladon bleu empois décoré en couleurs de rochers fleuris ; sur une face, des pivoines, sur l'autre, des branches de pêcher ; sur les côtés, des fleurettes semées.

Haut. o.27. Diam. o.15.

85 — Vase balustre en céladon gris sur fond bleu noirâtre maculé de rouge ; le décor, gravé en creux dans la pâte, représente deux carpes sortant des flots de la mer, sur un fond de ciel nuageux.

Haut. o.195. Diam. o.13o.

86 — Petite auge carrée à deux anses latérales en ailerons. Céladon gris verdâtre à marbrures brunes. En dessous, cachet en bleu sous couverte à la date de *Kien-Long* (1736-1796).

Pied en bois de fer.

Haut. o.o62. Diam. o.o9o.

87 — Une autre de même forme, plus petite, en céladon gris décoré en émaux de la famille verte ; sur une face, un personnage assis au bord de la mer ; sur l'autre, un personnage voguant sur les flots, à cheval

sur un dragon ; sur les faces latérales, des fleurs et des papillons.

Haut. 0.055. Diam. 0.080.

88 — Petite tasse campanulée à couverte extérieure de céladon fleuri gris verdâtre, décoré de personnages en relief; l'intérieur est décoré en bleu sous couverte; au fond, une carpe hissant des flots de la mer.

Haut. 0.038. Diam. 0.062.

89 — Tasse et soucoupe à couverte bleu empois et décor émaillé bleu; fond de rinceaux fleuris entourant un grand médaillon central à huit lobes bordés de filets dorés, et renfermant un bouquet émaillé de style européen.

Haut. de la tasse 0.38. Diam. de la soucoupe 0.118.

90 — Plat campanulé à bord lobé, et trois étroites bordures : la première d'oves en rouge et bleu, la seconde quadrillée rouge, à demi-rosaces dorées; la troisième de rinceaux et rosaces en or cerné de rouge; le fond est en céladon fleuri.

Diam. 0.26.

91 — Assiette à marli en céladon fleuri à bordure quadrillée en bleu sous couverte; au fond, un paysage traversé par une rivière, avec embarcations chargées de personnages.

Diam. 0.23.

92 — Théière en forme de pêche ; couverte céladon gris verdâtre, portant à la partie supérieure une tache rougeâtre. Le goulot et l'anse sont rattachés au corps par des feuillages saillants émaillés en ·bleu.

L'orifice est placé sous la pièce.

Haut. o.15. Diam. o.11.

93 — Coupe en forme de baquet, à double filet saillant ; anse formée par un enfant se hissant sur le bord. Céladon gris jaunâtre.

Haut. o.07. Diam. o.15.

94 — Petit vase turbiné à côtes et ouverture cylindrique. Céladon gris verdâtre.

Haut. o.06. Diam. o.08.

95 — Petit vase cylindrique à trois pieds, en céladon vert d'eau. Couvercle en nacre figurant une fleur de chrysanthème.

Haut. o.06. Diam. o.07.

CRAQUELÉS ET TEINTÉS

96 — Vase cylindro-ovoïde à col cylindrique et ouverture évasée ; craquelé chamois portant sur chaque face le caractère *Longévité* en relief, réservé en blanc, décoré de quadrillages en bleu sous couverte

et chargé d'un médaillon rectangulaire, orné d'un
côté d'une tête de dragon, de l'autre, d'une carpe se
dressant au-dessus des flots ; entre ces deux caractères, de chaque côté, deux médaillons rectangu-
laires et un troisième circulaire, décorés d'objets
sacrés, de plantes et de papillons ; sur le col, deux
médaillons portant le caractère *Longévité*.

Haut. o.295. Diam. o.110.

97 — Gourde à deux renflements et ouverture étroite ;
craquelé chamois très brillant d'émail.
Pied en bois de fer.

Haut. o.150. Diam. o.085.

98 — Petit vase bursaire en craquelé gris à réseaux
bruns, portant une ceinture composée d'une double
bordure grecque en bleu sous couverte.
Pied en bois de fer.

Haut. o.125. Diam. o.90.

99 — Vase ovoïde à col évasé ; craquelé gris décoré en
bleu sous couverte : un pêcheur dans un paysage.

Haut. o.33. Diam. o.15.

100 — Petit vase ovoïde à col court légèrement évasé ;
porcelaine finement craquelée et décorée en bleu ;
au pourtour, un paysage ; autour de l'ouverture,
une bordure fleuronnée.

101 — Potiche de forme surbaissée à ouverture conique ; craquelé gris à réseau brun, décoré en rouge
de cuivre sous couverte de deux dragons à quatre
griffes volant dans les nuages ; à la base et sur
l'épaulement, bordures de faux godrons fleuronnés en bleu sous couverte.

En dessous le caractère *Tienn* (ciel).

Pied en bois de fer.

Haut. 0.165. Diam. 0.155.

102 — Petit vase ovoïde à col cylindrique légèrement
évasé et pourvu d'une bague médiane ; porcelaine
blanches à fines craquelures et décor en relief, représentant un chien de Fô au milieu des rochers.

Haut. 0.125. Diam. 0.052.

103 — Flacon à tabac formé par un chien de Fô
jouant avec une boule, sur laquelle est l'ouverture
du flacon. Porcelaine blanche finement truitée,
la pupille des yeux est émaillée en noir.

Support en bois de fer à fines incrustations d'or,
représentant un enfant à cheval sur un bouc et
suivi d'un autre enfant.

Long. 0.07.

104 — Gobelet à bord doré à quatre pans (et angles
rentrants ; craquelé pourpre décoré en couleurs de
rouleaux et cartouches portant des inscriptions.

Pied en bois de fer.

Haut. 0.075. Diam. 0.080.

105 — Gobelet plus petit de même forme et à décor analogue, sur craquelé chamois.

Pied en bois de fer.

Haut. 0.060. Diam. 0.045.

106 — Coupe turbinée en craquelé chamois, décorée en émaux de couleurs; au revers, des vases et objets sacrés; à l'intérieur, des fleurs de pêcher semées.

Pied en bois de fer.

Diam. 0.195.

107 — Deux tasses hémisphériques et soucoupes en craquelé gris, décorées en émaux de la famille verte : entre deux bordures mosaïque des pins et des grues volant.

Haut. de la tasse 0.045. Diam. de la soucoupe 0.135.

108 — Coupe sphérique surbaissée en craquelé gris, à deux anses latérales formées par des masques d'animaux chimériques, imitant le bronze.

Haut. 0.08. Diam. 0.16.

109 — Vase turbiné à petit col, craquelé vert.

Haut. 0.22. Diam. 0.12.

110 — Bol hémisphérique à huit lobes en craquelé chamois décoré en émaux de la famille verte; sur chaque lobe, alternativement un groupe de fleurs et

une inscription; au bord intérieur, bordure mosaïque
à quatre réserves contenant des objets sacrés.

Diam. 0.18.

111 — Petit plat creux à bord lobé, en craquelé chamois, décoré en couleurs de rouleaux et médaillons de formes irrégulières portant des inscriptions.

Diam. 0.25.

FLAMBÉS, JASPÉS ET MARBRÉS

112 — Potiche turbinée à goulot étroit cylindrique
légèrement évasé. — Couverte rouge flambée se
fondant sur une face autour d'une partie réservée
celadonnée en gris et décorée d'une figure de
Cheou-Lao portée sur un nuage; le dieu est vêtu
d'une robe flottante, tracée en noir et à bordures
dorées, les mains et la figure sont peintes au naturel; il porte sur son dos une énorme pêche de
longévité. — Au pied du vase, une bordure de rinceaux dorés, en partie effacée.

Haut. 0.21. Diam. 0.12.

113 — Vase à corps turbiné et col cylindro-conique
coupé par deux filets saillants; couverte rouge
flambé; décor en relief : à la base, les flots de la
mer, d'où émergent des tiges de nelumbo dont les

feuilles et les fleurs s'étalent sur une des faces du vase et la base du col, les feuilles sont en bleu sous couverte et les fleurs en rouge de cuivre sous couverte.

Haut. o.37. Diam. o.19.

Cette pièce qui provient de la collection Malinet est décrite dans l'*Histoire de la porcelaine*, d'A. Jacquemart, p. 131.

1,14 — Vase à quatre pans, losangé de plan, à piédouche et col légèrement évasé à l'ouverture ; flambé rouge et bleu, décoré en relief ; sur chaque pan, l'emblème des forces de la nature et deux des huit Kouâ.

Pied en bois de fer.

Haut. o.372. Diam. o.170.

115 — Vase à six lobes à corps ovoïde sur piédouche, col cylindrique et ouverture évasée, couverte flambée de rouge et bleu pâle.

En dessous, cachet gravé en creux à la date de *Kien-Long* (1726-1796).

Pied en bois de fer.

Haut. o.20. Diam. o.145.

116 — Vase quadrangulaire à corps renflé et col évasé. Flambé bleu, vert et blanc.

Haut. o.3o. Diam. o.13.

117 — Vase quadrangulaire à deux anses latérales formées par des têtes chimériques et col rentrant à
ouverture évasée ; fond truité bleu turquoise
flambé de bleu foncé.

Monture en cuivre doré, ciselé et ajouré.

Haut. 0.26. Diam. 0.07.

118 — Coupe de forme surbaissée en flambé rouge
sang de bœuf.

Pied en bois de fer sculpté.

Haut. 0.04. Diam. 0.09.

119 — Bouteille piriforme à goulot coupé par deux
filets saillants et se renflant à l'ouverture, couverte
flambée, jaspée de rouge, bleu et blanc.

En dessous un cachet gravé en creux à la date
de *Kien-Long* (1736-1796).

Haut. 0.26. Diam. 0.14.

120 — Petit vase turbiné à étroite ouverture bordée
d'un cercle d'argent ; couverte jaspée bleu et vert
d'eau.

Haut. 0.120. Diam. 0.075.

121 — Petit bol tripode à bord rentrant ; couverte jaspée de bleu pâle et de pourpre.

Diam. 0.075.

122 — Petit vase bursaire à quatre pans et angles ar-

rondis, portant sur les côtés deux anses tubulaires
destinées au passage de cordons de suspension ;
couverte émaillée épaisse, bleu pâle, craquelée et
maculée de pourpre sur une des faces.

Pied en bois de fer.

Haut. 0.125. Diam. 0.075.

123 — Petit vase ovoïde à couverte émaillée fond
blanc maculé irrégulièrement de rouge, de bleu,
de jaune et de vert. L'ouverture est fermée par un
couvercle plat en ivoire.

Pied en bois de fer,

Haut. 0.080. Diam. 0.075.

124 — Plat creux à couverte extérieure et intérieure
marbrée de vert, jaune, blanc et violet de manganèse ; décor gravé dans la pâte : à l'intérieur bordure de fleurs encadrant un grand médaillon circulaire, contenant deux dragons à quatre griffes
volant dans les nuages ; au revers, des dragons dans
les nuages.

Au-dessous, Nien-Hao à six caractères de la période *Kang-Hy* (1662-1722).

Diam. 0.32.

125 — Tasse conique à ouverture évasée et soucoupe à
couverte marbrée de vert, jaune et violet de manganèse, le fond de la soucoupe et l'intérieur de la
tasse sont décorées en bleu sous couverte d'un

paysage où se voit un oiseau entre des tiges de bambou et d'autres plantes. — Marque au *Lyng-Tchy*.

Haut. de la tasse 0.0{{}}0. Diam. de la soucoupe 0.105.

126 — Deux petits bols campanulés à couverte marbrée de vert, jaune, blanc et violet de manganèse. — En dessous, un cachet.

Haut. 0.045. Diam. 0.085.

127 — Deux vases lancelles à couverte marbrée jaune, vert et violet de manganèse, décorés d'un personnage, en violet foncé à reflets métalliques.

Haut. 0.245. Diam. 0.105.

128 — Vase ovoïde à six côtes, forme concombre, à couverte sang de bœuf.

Haut. 0.20. Diam. 0.10.

129 — Petit vase turbiné, à petit col à couverte rouge brun maculée de taches plus foncées et de parcelles métalliques.

Haut. 0.105.

SOUFFLÉS

130 — Petite urne rectangulaire à ouverture entourée d'un bourrelet saillant et portant sur l'épaulement

un dragon en relief; sur chaque face, un médaillon rectangulaire contenant des grecques en relief. — Couverte verte soufflée de rouge.

Long. 0.870. Larg. 0.042.

131 — Bouteille turbinée à col et ouverture évasée; couverte brune tournant au noir et soufflée de jaune.

Haut. 0.205. Diam. 0,100.

132 — Bouteille à corps sphéroïdal et col cylindro-conique à ouverture évasée et bord dressé; couverte vert bronze soufflée de jaune.

En {dessous, cachet gravé à la date de *Kien-Long* (1736-1796).

Haut. 0.195. Diam. 0.110.

133 — Bouteille à corps ovoïde, piédouche et long col à ouverture évasée; couverte brun jaune, souf-flée de noir, décorée d'une branche de pêcher à tige noire, portant des fleurs émaillées en rose et des feuilles en émail bleu nervées d'or.

Pied en bois de fer.

Haut. 0.235. Diam. 0.110.

134 — Bouteille à corps sphérique et col cylindrique soufflé métallique sur fond brun foncé. — En des-sous, cachet en creux, à la date de *Kien-Long*.

Pied en bois de fer.

Haut. 0.185. Diam. 0.10.

135 — Petit vase ovoïde à col évasé, jaspé de gris et
de bleu turquoise, à soufflé métallique.

Haut. 0.13. Diam. 0.07.

136 — Vase sphéroïdal à large ouverture, à couverte
extérieure en rouge de cuivre soufflé et vernissé
intérieurement en céladon vert d'eau.
Pied en bois de fer.

Haut. 0.09. Diam. 0.14.

137 — Coupe à fond hémisphérique et bord évasé ;
bleu turquoise soufflé de rouge.
Pied élevé en bois de fer sculpté.

Haut. 0.040. Diam. 0.115.

BLEU SOUS COUVERTE

RÉTICULÉS

BLEU FOUETTÉ

138 —. Vase à corps ovoïde, col cylindrique et ouverture évasée à bord relevé, recouvert d'un émail
blanc légèrement rugueux, imitant la peau de
l'orange, décoré en beau bleu de cobalt ; sur la
face, une divinité en riche costume, tenant à deux
mains une gourde à deux renflements ; derrière
elle, un lion portant sur son dos une touffe de pi-

voines au milieu de laquelle est placé un vase cou-
vert ; à la base et à l'ouverture, bordure grecque.
Cette pièce est d'une rare beauté d'exécution.
Pied en bois de fer.

Haut. 0.40. Diam. 0.19.

139 — Vase bursaire à piédouche, décoré au pourtour
d'un paysage où l'on voit un cerf et deux biches,
dont l'une se désaltère au cours d'une rivière, et
des sapins sur les branches desquels sont perchées
des grues ; autour du col, au-dessus d'une bordure
qui est répétée à l'ouverture, et composée des
plantes, emblèmes de la longévité : pin, bambou
et pêcher en fleur, entre deux filets saillants, un
rocher entouré d'arbustes.

Haut. 0.435. Diam. 0,21.

140 — Vase ovoïde à ouverture circulaire, fond bleu
foncé caillouté, décoré en réserve de groupes de
fleurs de pêcher ; autour de l'ouverture, bordure
crénelée.

Haut. 0.126. Diam. 0.100.

141 — Potiche ovoïde à col cylindrique non émaillé
recouvert d'un couvercle capsulaire à partie supérieure plate ; fond bleu marbré, décoré en réserve
de tiges de nélumbo ornemanisées ; sur chaque face,
un grand médaillon en réserve contenant une sorte

3

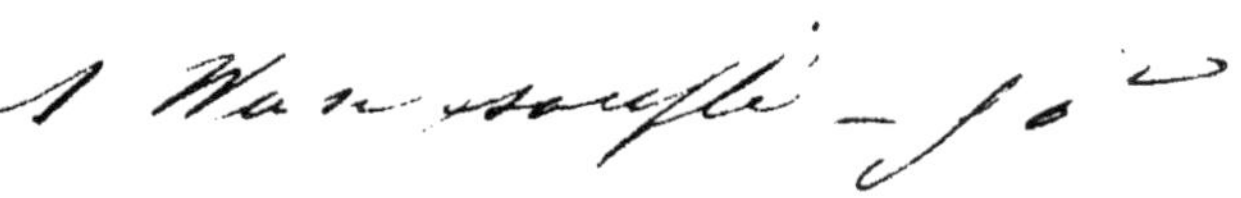

de jardinière carrée dans laquelle croissent des arbustes en fleur parmi des fragments de roche.

Haut. o.3o. Diam. o.21.

142 — Vase à corps ovoïde élevé sur piédouche, et col cylindrique à base et ouverture pourvues de renflements; sur la panse, des rinceaux à feuilles et fleurs ornementales entre deux bordures, l'une de faux godrons à la base, l'autre de lambrequins à la partie supérieure; sur le piédouche, des rosaces et des fleurons; sur le col, couronne de feuilles d'eau dressées.

Haut. o.265. Diam. o.13o.

143 — Bouteille bulbiforme à panse surbaissée et long col cylindrique; décor gravé. teinté en bleu pâle : un dragon dans les nuages.

Haut. o.12. Diam. o.o9.

144 — Bouteille à corps sphéroïdal et col cylindrique à ouverture évasée, à bord relevé, décorée sur la panse de rinceaux à feuilles et fleurs ornementales; sur l'épaulement et sur le col. deux ceintures analogues, superposées, bordées de lambrequins et surmontées, l'une, d'une rangée de dents de loups, l'autre, d'une couronne de feuilles d'eau dressées.

Haut. o.23. Diam. o.15.

145 — Vase à corps cylindrique s'arrondissant à l'épaulement, et col cylindrique pourvu de deux

anses formées par des têtes d'éléphants et soutenant des anneaux adhérants.

Haut. o.18. Diam. o.11.

146 — Vase ovoïde à large ouverture, décoré de quatre
bouquets en relief et teintés en bleu sous couverte.
Pied en bois de fer.

Haut. o.09. Diam. o.12.

147 — Vase bursaire à piédouche, à deux anses latérales formées par des têtes d'éléphant ; le corps et
le col sont ornés de rosaces percées à jours et
rebouchées à l'émail ; à la base, à l'épaulement et
à l'ouverture, bordures ornementales en bleu sous
couverte.

Haut. o.205. Diam. o.115.

148 — Vase octogone de forme surbaissée et à large
ouverture, fond gros bleu, décoré, sur chaque
pan, d'un des huit Koua de Fouï.
En dessous, Nien-Hao à six caractères.
Pied en bois de fer.

Haut. o.09. Diam. o.15.

149 — Bouteille à corps sphérique côtelé, piédouche
et col cylindrique à ouverture évasée à bord dressé ;
sur l'épaulement, bande annulaire en craquelé
gris chamois ; sur la panse, trois médaillons ronds
contenant des paysages animés de personnages ;

sur le col, une inscription. — En dessous, la date
de *Tching-Hoa* (1465-1488), en quatre caractères.

Haut. 0.20. Diam. 0.09.

150 — Petit pitong quadrangulaire à décor bleu
émaillé ; bordure de faux godrons ; au pourtour,
une bande décorée, sur une face, de bâtons rompus et sur l'autre, de rinceaux et rosaces. L'intérieur est émaillé en vert d'eau. — En dessous,
cachet rouge à la date de *Kien-Long* (1736-
1796).

Haut. 0.075. Diam. 0.050.

151 — Bol campanulé à ombilic, et bordure de bâtons
rompus, profondément gravés dans la pâte : au-
dessous quatre bouquets en bleu pâle, à l'intérieur,
quatre divinités portant des paniers fleuris ;
autour de l'ombilic, ceinture d'emblèmes sacrés.

Haut. 0.070. Diam. 0.195.

152 — Deux bols campanulés à six lobes en spirale
fond bleu décoré en réserve de branches de fleurs
ornementales ; au culot, bordure arabesque également en réserve,

En dessous la date de *Young-Tching* (1723
1736).

Haut. 0.095. Diam. 0.190.

153 — Petit écuelle hémisphérique à deux anses en

orcilles et couvercle légèrement bombé surmonté d'un chien de Fô formant bouton ; fond gros bleu sous couverte à décor de fleurs enlevé à la pointe.

Diam. o.10.

154 — Gobelet campanulé à piédouche, décoré en pâte rapportée de tiges de chrysanthèmes et de bambou entourant un rocher sur lequel est une sorte d'autel ; au bord intérieur, bordure ocellée en bleu sous couverte.

Haut. o.11. Diam. o.09.

155 — .at creux fond bleu, décoré en réserve de fleurs et feuillages rehausés de filets en blanc d'engobe.

En dessous, Nien-Hao à six caractères : *Young-Tching* (1726-1733).

Diam. o.33

156 — Petit plat décoré en plein : les huit immortels portés snr des nuages ; au revers, quatre grues alternant avec quatre groupes de nuages.

Diam. o.26.

157 — Boîte sphéroïdale à ouverture rentrante ; décor de bordures festonnées et fleuronnées.
Pied en bois de fer.

Diam. o.085.

158 — Petit bol à éponge campanulé décoré en bleu sous couverte ; entre deux bordures ornementales, frise ajourée coupée par des parties pleines à contours irréguliers et portant des figures de personnages sacré

Haut. 0.050. Diam. 0.095.

159 — Autre, de même forme, à bordures analogues et frise ajourée coupée par cinq médaillons circulaires pleins et décorés de paysages.

Haut. 0.05. Diam. 0.09.

160 — Tasse à double paroi ; la paroi extérieure réticulée à fond d'alvéoles et trois médaillons imitant la fleur de chrysanthème ; la paroi intérieure est décorée de fleurs en bleu sous couverte. — Soucoupe à marli ajouré de demi-chrysanthèmes portant quatre petits médaillons décorés de chrysanthèmes en bleu sous couverte ; fond bleu à rinceaux fleuris en réserve.

Haut. de la tasse 0.05. Diam. de la soucoupe 0.13.

161 — Deux cornets de forme basse ; fond bleu fouetté portant deux médaillons en réserve décorés de branches de chrysanthème.

Haut. 0.14. Diam. 0.12.

162 — Bol campanulé très évasé à couverte extérieure en bleu fouetté. — En dessous, un cachet en bleu.

Haut. 0.07. Diam. 0.22.

163 — Tasse campanulée et soucoupe, fond bleu fouetté, semé de fleurs de pécher en réserve et teintées en rouge avec rehauts d'or. — En dessous, cachet carré contenant un caractère.

Haut. de la tasse 0.035. Diam. de la soucoupe 0.115.

164 — Tasse hémisphérique et soucoupe, fond bleu fouetté portant un médaillon en réserve, composé de deux éventails superposés et décorés de tiges de chrysanthèmes en bleu et rouge de cuivre sous couverte. — Sous le pied, une rosace.

Haut. de la tasse 0.05. Diam. de la soucoupe 0.13.

165 — Vase ovoïde à piédouche et col évasé à bord cylindrique décoré d'un dragon dans les nuages en bleu pressé.

En dessous, quatre caractères en bleu sous couverte à la date de *Young-Tching* (1723-1735).

Haut. 0.20. Diam. 0.09.

166 — Théière doliiforme à couvercle plat dont le bouton est formé par un petit chien de Fô; fond bleu fouetté; sur chaque côté, un médaillon lobé contenant des rochers fleuris; sur le couvercle, médaillon dentelé décoré de branches de pêcher fleuries.

Haut. 0.095. Diam. 0.10.

167 — Petite bouteille piriforme à col évasé: sur la

panse, ceinture de rinceaux fleuris ; au col, ceinture de feuilles d'eau dressées ; à la base, bordure de faux godrons.

Haut. 0,18. Diam. 0,09

168 — Petite garniture de deux cornets évasés à ouverture dentelée et une potiche élevée couverte ; sur le corps, des branchages fleuris ; à la base, bordure à arcades contenant des fleurs en réserve, sur fond bleu ; sur l'épaulement de la potiche et au bord des cornets, des rinceaux fleuris en réserve.

Haut. de la potiche 0.22. Haut. des cornets 0.20.

BLEU ET ROUGE DE CUIVRE

SOUS COUVERTE

169 — Deux grands vases à corps ovoïde et col cylindrique à renflement médian et ouverture à bord dressé ; fond bleu fouetté, décoré, sur chaque face, d'un médaillon en hauteur, carré à angles rentrants, renfermant un chien de Fô debout sur un rocher battu par les flots de la mer ; sur chaque côté, deux médaillons superposés ; le supérieur, en forme d'éventail, renferme des plantes et des insectes ; l'inférieur, en forme de feuille, est décoré, d'un côté, d'une branche de pêcher en fleur portant un

oiseau, de l'autre, de canards dans un paysage aquatique.

Haut. o.47. Diam, o.20.

170 — Bouteille à corps turbiné, en bleu trempé, décoré de gravures : à la base, les flots de la mer ;
sur l'épaulement, une bordure festonnée ; col cylindrique à ouverture légèrement évasée, décoré
en bleu et rouge sous couverte, avec rehauts
d'émail blanc, d'une branche de pêcher en fleur
portant un oiseau.

Haut. o.?2. Diam. o.1.,

171 — Bouteille à piédouche et ouverture évasée, décorée en bleu et rouge de cuivre sous couverte de
dragons ailés volant parmi les nuages.

Haut. o.226. Diam. o.ogo.

172 — Très petite bouteille à corps sphérique surbaissé et col cylindrique, décorée d'un dragon à
cinq griffes en rouge de fer volant parmi des nuages
en bleu sous couverte au-dessus des flots de la mer
figurés à la base. En dessous, un dragon en bleu
sous couverte.

Pied en bois de fer.

Haut. o.o75. Diam. o o5o.

173 — Théière et récipient à eau chaude formant par
leur réunion une gourde à deux renflements ; la
théière piriforme est terminée à la base par une

partie cylindrique, entrant dans le récipient de
forme sphérique à deux anses formées par des
mufles de lion ; décor plein représentant les flots
de la mer figurés en rouge de cuivre sous couverte
et portant deux personnages sacrés en bleu sous
couverte.

En dessous, une inscription de quatre caractères.

174 — Vase à corps ovoïde sur piédouche et col évasé,
décoré d'un rocher autour duquel croissent des
lyng-tchy, des fleurs d'eau et deux arbres : un
pêcher en fleurs et un arbre à fruits ressemblant
à des cerises ; les fleurs et les fruits sont en rouge
de cuivre sous couverte, le reste de la décoration
en bleu.

Haut. o,325. Diam. o,070.

175 — Plat creux à bord évasé, fond bleu lapis jaspé,
portant un grand médaillon en réserve en forme
d'étoile à huit pointes et décoré en bleu et rouge
de cuivre sous couverte : devant une habitation
dans un enclos entouré de balustrades, trois personnages, dont l'un, armé d'une longue béquille,
semble s'éloigner à grands pas. — Au revers, trois
branches fleuries enlevées à la pointe sur le fond
bleu.

Diam. o.325.

176 — Plat creux légèrement évasé, à bordure ajourée

encadrant un grand médaillon décoré en bleu et rouge de cuivre sous couverte d'un rocher sur lequel est perché un oiseau, au pied d'un magnolia en fleurs, entouré de tiges de pivoines.

Diam. o.25.

177 — Assiette à marli bleu fouetté décoré de quatre branches de fleurs gravées au trait et enlevées à la pointe ; au fond, grand médaillon à huit lobes décoré de branches à feuillages bleus et fleurs en rouge de cuivre.

En dessous, Nien-Hao à six caractères : *Tching-Hoa* (1436-1485).

Diam. o.205.

178 — Flacon à tabac cylindrique, décoré en bleu et rouge de cuivre sous couverte ; d'un côté un personnage assis sur une espèce de trône ; devant lui un personnage agenouillé, au fond un autre apporte un vase ; de l'autre côté, une longue inscription.

Petit couvercle plat en ivoire teinté en vert et pourvu d'une petite cuillère.

En dessous, un cheval en bleu.

Haut. o.o8o. Diam. o.o35.

179 — Petit flacon à tabac en forme de potiche à petit col ; décor bleu et rouge sous couverte : un personnage tenant un sabre.

En dessous, la date de *Young-Tching* (1723-1735).

Haut. 0,06.

180 — Bol campanulé, décoré en bleu et rouge sous couverte de branches de pêcher dont les fleurs émaillées en bleu forment saillie. — Au bord intérieur, bordure de fleurs de pêcher en réserve sur fond bleu. — Au fond, médaillon à décor analogue.

En dessous, marque à six caractères à la date de *Tching-Hoâ* (1465-1488).

Diam. 0.20.

ROUGE SOUS COUVERTE

181 — Urne à corps ovoïde et col évasé, décoré au pourtour de Fong-hoangs volant parmi des branches fleuries de pivoines ; à la base, bordure grecque supportant une couronne de faux godrons ; sur l'épaulement, bordure festonnée ; au-dessus, une grecque surmontée d'une couronne de feuilles d'eau dressées.

Pied en bois de fer.

Haut. 0.36. Diam. 0.24.

182 — Coupe ovoïde surbaissée à bord rentrant, décorée au pourtour d'un paysage où deux hommes

assis à l'ombre d'un saule surveillent des chevaux paissant en liberté.

Pied à cinq consoles en bois de fer.

Haut. 0.16. Diam. 0.26.

BLEU ET OR

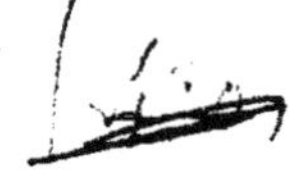

183 — Bouteille à cinq petits pieds coniques répondant à autant de lobes divisant le corps du vase et se prolongeant sur le col à ouverture évasée ; fond gros bleu décoré en or de nuages parmi lesquels volent des chauves-souris portant attachés à des cordons des groupes de pêches de longévité ; sur chacune des divisions de la panse, un grand caractère ornemanisé.

En dessous, un cachet en or, à la date de *Kien-Long* (1736-1796).

Haut. 0.32. Diam. 0.18.

184 — Grand bol hémisphérique, décoré au pourtour d'une frise de fleurs et feuillages en relief et dorés ; aux bords intérieur et extérieur, bordure ornementale ; au fond, grand médaillon circulaire de fleurs ornementales, encadré dans une bordure dorée quadrillée et portant quatre réserves d'objets sacrés.

Haut. 0.135. Diam. 0.315.

185 — Pot cylindrique à anse double entrelacée dont les attaches sont ornées de fleurs et feuillages en relief; bordures de fleurs en bleu et or; fond chair de poule chargé de bouquets bleu et or et d'un grand médaillon quadrilatéral lobé, bordé d'un filet saillant et orné d'un paysage.

Haut. 0.156. Diam. 0.124.

186. — Grand bol hémisphérique à bord doré. Fond chair de poule chargé de fleurs et papillons en bleu et or. Sur chaque face, un grand médaillon quadrilatéral lobé bordé d'un filet saillant et contenant un paysage; sur les côtés, deux autres médaillons plus petits de forme oblongue et également décorés de paysages; à l'intérieur, large bordure gaufrée en imitation de vannerie; au fond, médaillon circulaire à contour fleuronné et bordure quadrillée encadrant une rosace composée de quatre grenades symétriquement posées.

Haut. 0.125. Diam. 0.285.

187 — Plat décoré sur le marli d'une légère bordure fleuronnée d'or et de quatre bouquets émaillés en bleu; au fond, en noir et or, des oies au bord d'un étang.

Diam. 0.35.

188 — Plat semblable plus petit.

Diam. 0.282.

189 — Autre plus ~~petit~~.

Diam. 0.252.

190 — Un autre du même service.

Diam. 0.385.

191 — Petit cylindre dont les parois sont percées de trous à jour de haut en bas dans l'épaisseur; décoré d'un semé de fleurs de pêcher sur fond émaillé gros bleu et veiné d'or.

Haut. 0.03

BLEU ET COULEURS

192 — Urne ovoïde à col cylindrique portant deux petites anses en forme de sceptre se rattachant à l'épaulement. Fond émaillé jaune soufre sur lequel se détache une décoration en bleu sous couverte de rinceaux à fleurs ornementales et groupes de pêches de longévité parmi lesquels volent des chauves-souris. A la base et sur le col, riches bordures de lambrequins.

En dessous, cachet à la date de *Kien-Long* (1736-1796).

Haut. 0.26. Diam. 0.17.

193 — ~~Trois~~ vases à corps cylindro-ovoïdes, à col cylindrique coupé par un filet médian et ouverture évasée à bord relevé, décoré sur la panse de cinq

carpes en réserve, nageant et peintes en rouge de fer.

Deux de ces vases portent des traces d'une ornementation dorée représentant d'autres poissons de grosseurs variées, nageant parmi des plantes aquatiques.

Haut. 0.46. Diam. 0.18.

194 — Bouteille à corps sphéroïdal et col évasé. Fond bleu sous couverte, sur lequel se détache un décor en relief teinté en gris et brun pâle. D'un côté, un rocher entouré de pivoines sur lesquelles perchent des oiseaux; de l'autre, un papillon.

Haut. 0.25. Diam. 0.120.

195 — Bouteille à corps ovoïde et col s'évasant à l'ouverture. Décoré en bleu sous couverte et couleurs d'un rocher entouré de pivoines sur lequel sont perchés deux Fong-hoangs. Près de l'ouverture, un nuage partiellement émaillé en couleurs.

Haut. 0.28. Diam. 0.14.

196 — Deux vases cylindriques et col évasé. Fond imbriqué en bleu sous couverte, portant deux grands médaillons carrés en hauteur décorés d'un côté de branches de pêchers en fleur, et, de l'autre, de pivoines en émaux de la famille verte; sur le col, deux pivoines, et, au bord de l'ouverture, une

bordure de zigzags en bleu sous couverte et rouge.

Haut. 0.28. Diam. 0.10.

197 — Cornet à renflement médian, à base et ouverture évasées et lobées, décoré de grues en bleu sous couverte volant parmi des nuages rouges et verts.

En dessous, Nien-Hao à six caractères, à la date de *Wan-Li* (1573-1620).

Haut. 0.34. Diam. 0.20.

198 — Bouteille à corps octogone et petit col à ouverture évasée. Fond gros bleu décoré en émaux polychromes, d'un rocher d'où s'échappent des tiges de chrysanthèmes.

Haut. 0.27. Diam. 0.12.

199 — Bol campanulé, décoré en bleu sous couverte d'animaux fantastiques et d'une bordure grecque, sur fond jaune ; au fond, un médaillon circulaire contenant un dragon également sur fond jaune.

En dessous, Nien-Hao à six caractères : *Tching-Hoa* (1465-1488).

Haut. 0.095. Diam. 0.210.

200 — Bol campanulé. Fond uni en bleu sous couverte, décoré en vert d'un dragon volant dans les nuages ; au fond, médaillon circulaire à décor analogue.

En dessous, Nien-Hao à six caractères : *Kang-Hy* (1662-1723).

Haut. o.o75. Diam. o.140.

201 — Plat creux à bord évasé. Fond bleu décoré en réserve de dragons volants dans les nuages, teintés en jaune; au revers, décor analogue.

En dessous, un cachet à la date de *Kien-Long* (1736-1796).

Diam. o.252.

202 — Plat creux à bord évasé, décoré extérieurement de rinceaux en bleu sous couverte à feuilles vertes et fleurs ornementales rouges; au fond, médaillon circulaire à décor composé des mêmes éléments.

En dessous, Nien-Hao à six caractères : *Young-Tching* (1723-1736).

Diam. o.268.

203 — Compotier à bord évasé, décoré en bleu sous couverte de dragons volant au milieu des nuages se détachant sur un fond jaune.

En dessous Nien-Hao à six caractères.

Diam. o.20.

204 — Grand compotier à bordure ajourée et émaillée en vert d'eau. Au centre, dans une bordure de fleurs en rouge de fer, un médaillon contenant un paysage en bleu sous couverte; bordure grecque de même.

En dessous, sur un fond vert d'eau, une réserve carrée contenant une inscription de six caractères tracés en rouge.

Diam. o.28.

205 — Compotier recouvert extérieurement d'un émail bleu épais à décor profondément gravé et émaillé en vert représentant des poissons nageant parmi des tiges de nelumbos.

En dessous, Nien-Hao à six caractères : *Siouen-Te* (1426-1436).

Diam. o.185.

206 — Compotier à large bordure de rinceaux en bleu sous couverte, interrompus par cinq groupes de fleurs et feuillages polychromes alternant avec cinq groupes composés de deux courges vertes à feuillages bleu et or et de deux papillons; au centre, groupe de fleurs et feuillages entouré d'une couronne en bleu sous couverte.

En dessous, cachet à la date de *Kien-Long* (1736-1796).

Diam. o.235.

207 — Tasse campanulée et soucoupe à bords lobés; couverte gros bleu, décor de bordures ornementales et paysage central en or. Le bord intérieur de la tasse porte une bordure de fleurons émaillés en pourpre.

Haut. de la tasse o.045. Diam. de la soucoupe o.135.

208 — Petit flacon à tabac quadrilobé, de forme ovoïde surbaissée et col cylindro-conique, décor de rinceaux fleuris en bleu sous couverte, dont quelques parties sont teintées en vert et en rouge.

En dessous, un cachet à la date de *Kien-Long* (1736-1796).

Haut. 0.050. Diam. 0.045.

FAMILLE VERTE

209 — Deux petites coupes à sacrifice à anse plate rectangulaire accostée de deux dragons à queue fourchue en relief, et portant sous le déversoir deux autres dragons en relief; sur chaque côté, une arête saillante; décor de fleurs de pêcher semées sur un fond vert piqueté de noir; bordure intérieure analogue, interrompue par quatre réserves occupées par des rosaces.

Pieds en bois recouvert en soie rouge.

Haut. 0.055. Long. 0.110.

210 — Pitong décoré, d'un côté, d'un groupe de roses et chrysanthèmes; de l'autre côté, à la base, des graminées; au-dessus, une inscription tracée en noir.

Haut. 0.138. Diam. 0.100.

211 — Vase turbiné à base évasée, col cylindrique, coupé par un filet médian en saillie et ouverture

évasée. Le corps est divisé en trois zones superposées de médaillons séparés par des filets rouges et occupés alternativement par des animaux chimériques et par des fleurs ; au pourtour du col, trois médaillons analogues : dans l'un, un rocher fleuri ; dans l'autre, des lapins menacés par un oiseau de proie ; dans le troisième, un chien de Fô.

Haut. o 43. Diam. 0.21.

212 — Vase cylindrico-ovoïde à col cylindrique coupé par un filet saillant et ouverture évasée à bord relevé ; fond rouge vermiculé de blanc en réserve chargé de fleurs de pivoine ; sur chaque face, un grand médaillon carré en hauteur à angles rentrants, décoré de branches fleuries ; sur les côtés, deux médaillons ronds superposés et contenant des fleurs ; le col porte deux médaillons analogues sur fond semblable ; sur l'épaulement, bordure de fleurs sur fond pointillé de noir à quatre réserves en forme de feuilles et contenant des fleurs.

Haut. o.47. Diam. o 18.

213 — Vase de même forme à fond semblable et médaillons disposés de même ; deux des faces contiennent des oiseaux perchés sur des branches fleuries ; le col est entouré de rinceaux à fleurs ornementales entre deux bordures de zigzags et demi-fleurons ; sur l'épaulement, bordure mosaïque à quatre réserves de fleurs.

Haut. o.45. Diam. o.18.

214 — Vase cylindro-ovoïde à col cylindrique coupé par un filet saillant et ouverture élargie à bord relevé ; fond bleu fouetté décoré, en or, de palmes à fleurs ornementales et portant quatre grands médaillons réservés en hauteur à quatre côtés et angles rentrants, contenant des branches fleuries chargées d'oiseaux ; sur le col, le fond est décoré de quadrillés et de dragons en or et porte deux médaillons en réserve contenant des fleurs aquatiques.

Haut. 0.46. Diam. 0.19.

215 — Vase lancelle hexagone à angles rentrants et filet saillant divisant par le milieu chaque face dans toute la hauteur ; ouverture évasée à bord plat ; décor de la famille verte à rehauts d'or ; sur l'épaulement, riche bordure de lambrequins à fond gris pailleté de noir et fleurs ornementales ; le col porte à la base une bordure mosaïque pavée et au-dessous de l'ouverture une autre bordure chargée de six grandes dents triangulaires dont la pointe descend au-dessous de la bordure.

Ce vase est posé sur un socle en porcelaine hexagone et à six petits pieds, ajouré et décoré de mosaïques.

Haut. totale 0.485. Diam. 0.18.

216 — Vase cylindrique à col, portant un filet médian en relief et ouverture évasée à bord relevée ; fond vert pointillé de noir, chargé de tiges

fleuries et de papillons entourant des médaillons de
formes variées, irrégulièrement jetés et décorés de
paysages, personnages, animaux et objets sacrés;
sur le col, quatre brûle-parfums.

Haut. o.42. Diam. o.18.

217 — Vase turbiné à pied évasé et col cylindrique à
ouverture légèrement évasée et à filet médian formant saillie. — Décor plein représentant un sujet
légendaire : Une audience de l'empereur entouré
d'officiers de sa maison ; au premier plan, un guerrier tient d'un bras, élevé au-dessus de sa tête, un
vase quadrangulaire ; sur le col, le caractère *Longévité* six fois répété et correspondant à autant d'objets emblématiques sacrés placés au-dessous.

Haut. o.46. Diam. o.20.

218 — Vase à corps cylindro-ovoïde, col cylindrique et
ouverture évasée à bord relevé, décoré en plein :
au pourtour, sur une terrasse éclairée par des
flambeaux et des lanternes et à laquelle on accède
par une porte monumentale portant au fronton
une inscription de trois caractères :

Réunion de lettrés ; au ciel, la lune et des constel-
lations ; auprès, une longue inscription tracée en
noir ; sur l'épaulement bordure filigranée de noir
sur fond vert à quatre rosaces alternant avec des
réserves d'objets sacrés ; sur le col, des bambous et
des chrysanthèmes.

Haut. o.43. Diam. o.17.

219 — Vase ovoïde à col cylindrique évasé ; décoré en plein d'un rocher émaillé en vert et entouré de pivoines à grosses fleurs en couleurs variées et or, sur lequel sont perchés un faisan et un oiseau de proie, sur l'épaulement, bordure mosaïque à quatre réserves de fleurs ; sur le col, un rocher entouré de pivoines et de bambous.

Haut. 0.40. Diam. 0.19.

220 — Vase lancelle à ouverture évasée ; sur le corps, rocher, sur lequel est perché un faisan, entouré de pivoines et de magnolias ; sur le col, un rocher entouré de pivoines et de chrysanthèmes.

Haut. 0.44. Diam. 0 22.

221 — Vase cylindro-ovoïde à col cylindrique et ouverture évasée à bord relevé ; décor de la famille verte à rehauts d'or ; sur le corps et sur le col, des vases et objets sacrés ; sur l'épaulement, bordure fond rose à bâtons rompus en or, interrompue par quatre réserves contenant des rosaces.

Haut. 0.44. Diam. 0.17.

222 — Vase ovoïde à couverte nankin ; décor plein représentant un rocher entouré de plantes fleuries, au pied duquel est un pêcher en fleurs chargé de deux oiseaux.

Ce vase a été pourvu d'un petit col en ivoire, ser-

vant de base à un couvercle en corne monté sur un
pas de vis.

Pied en bois de fer ajouré.

Haut. du vase 0.114. Diam. 0.105.

223 — Vase cylindro-ovoïde à ouverture très évasée ;
fond vert caillouté de noir, semé de groupes de
fleurs de pêcher de rouge de fer ; quelques fleurs en
jaune et en lilas ; à la base, de faux godrons ; sur
l'épaulement, bordure fond vert et noir mosaïque,
à quatre réserves contenant, chacune, une fleur de
pêcher ; sur le col, le caractère *Longévité* quatre
fois répété.

Haut. 0.25. Diam. 0.10.

224 -- Vase cylindro-ovoïde à col cylindrique et ouverture très évasée ; décoré en rouge à réhauts d'or,
d'un rocher entouré de pivoines, sur lequel sont
perchés deux oiseaux ; à la base du col et descen-
dant sur l'épaulement, bordure mosaïque festonnée,
en émaux de la famille verte ; sur le col, un papillon
et un groupe de marguerites lilas.

Paut. 0.2!5. Diam. 0.110.

225 — Vase de forme subconique à base évasée et col
cylindro-conique à bord relevé ; décor de vases et
objets sacrés se détachant sur un fond de filigranes
rouges.

Haut. 0.24. Diam. 0.14.

226 — Vase couvert de forme sphéroïdale, décoré en plein, au pourtour, d'un paysage aquatique, où l'on voit un empereur descendu de son char et accompagné de sa suite, contemplant un personnage à longue barbe, assis au bord d'une rivière et pêchant à la ligne. — Sur le couvercle, des enfants jouant à l'ombre d'un bananier.

Ce vase est posé sur un pied en laque aventurine.

Haut. o.18. Diam. o,19.

227 — Potiche turbinée à petit col conique, décorée de rinceaux tracés en bleu et émaillés en vert, jaune, ronge et bleu, et portant des fleurs ornementales aux mêmes couleurs et rehauts d'or ; à la base et sur l'épaulement, bordure de faux godrons : autour de l'ouverture, étroite bordure festonnée ; l'intérieur est émaillé en vert.

En dessous, cachet en bleu sous couverte, à la date de *Kien-Long*.

Pied en bois de fer.

Haut. o.235. Diam. o.170.

228 — Cornet à renflement médian, fond nankin. décoré de vases et objets sacrés ; à la partie inférieure, une ceinture de feuilles d'eau.

En dessous, Nien-Hao à six caractères : *Tching-Hoa* (1465-1488).

Haut. o.25. Diam. o.13.

229 — Deux vases à corps ovoïde et col étroit, à ouverture très évasée, décor plein; sur l'un, une jeune femme s'apprêtant à monter à cheval et se tournant vers un guerrier qui la suit les mains jointes; sur l'autre, un jeune homme et une jeune femme prenant leur repas, assis à une table ; près d'eux, un personnage grotesque agenouillé et élevant une tasse au-dessus de sa tête ; sur l'épaulement, bordure mosaïque ; sur le col, des tiges de bambou, en noir.

Haut. o.253. Diam. o.110.

230 — Bouteille à corps sphérique et long col se renflant à l'ouverture qui est interceptée par une paroi percée de sept trous; deux dragons entourent le col et l'épaulement; le culot est orné de godrons légèrement en relief et simulant les pétales d'une fleur de nélumbo ; autour de l'ouverture, bordure mosaïque pavée dont les colorations présentent des reflets métalliques.

Pied en bois de fer.

Haut. o.18. Diam. o.09.

231 — Urne ovoïde à large ouverture ; couverte jaune d'ocre, décorée de bouquets gravés dans la pâte et teintés en vert et violet de manganèse; au col, bordure de palmettes alternant avec des entrelacs terminés par des glands.

Haut. o.205. Diam. o.130.

232 — Lagène à ouverture cylindrique; à la partie inférieure, des philosophes réunis dans un paysage, l'un deux trace une inscription sur un rocher; à la partie supérieure, d'un côté, un homme tire de l'arc entouré de jeunes enfants; de l'autre, une divinité assise sur un Fong-hoang et accompagnée de deux suivantes, apparaît, au milieu des nuages à des personnages en adoration.

Haut. 0.383. Diam. 0.215.

233 — Vase turbiné à col cylindrique évasé ; sur le corps, décor plein représentant quatre femmes dans un paysage, auprès d'une [table rustique formée par un rocher et sur laquelle sont des rouleaux; l'une d'elle tient un rouleau déployé et semble en faire la lecture ; sur le col, au-dessus d'une bordure quadrillée en rouge de fer à quatre réserves d'objets sacrés, un paysage maritime.
En dessous, un cachet.

Haut. 0.35. Diam. 0.16.

234 — Vase cylindro-ovoïde à large ouverture et bord plat en saillie, sur chaque face un grand médaillon décoré de paysages, dans l'un, un coq et une poule avec ses poussins, dans l'autre, des oies sauvages ; sur les côtés, deux médaillons lobés, contenant, l'un des crabes, et l'autre des poissons. Au-dessous de l'ouverture, bordure mosaïque pavée à six ré-

serves renfermant des dragons; à la base de faux godrons ornés de pendeloques.

Haut. 0.17. Diam. 0.23.

235 — Vase quadrangulaire s'évasant légèrement, à col cylindrique et ouverture évasée. Fond émaillé en jaune pâle, portant des rinceaux verts à fleurs ornementales rouges et violettes sur chaque face, trois médaillons en réserve de formes variées, contenant des paysages, des fleurs et des objets sacrés; l'un d'eux, de forme quadrangulaire, représente un personnage accompagné d'un axis et suivi d'un porte-étendard; sur l'épaulement, fond mosaïque, portant, aux quatre angles, des réserves ovales renfermant des fleurs; le col est décoré d'un fond émaillé noir à rinceaux verts et fleurs rouges et blanches, sur lequel se détachent deux médaillons carrés contenant des fleurs. En dessous, dans une partie réservée en creux, inscription de huit caractères à la date de *Tchinh-Hoa* (1465-1488).

Haut. 0.17. Diam 0.14.

236 — Vase ovoïde de forme aplatie, à col cylindrique dont l'ouverture est bordée d'un ourlet saillant; de chaque côté du col une anse en aileron se rattachant au corps du vase formée par des grecques ajourées, teintées en rouge avec filets dorés; ailerons analogues de chaque coté de la panse. — Décor polychrome, tracé en bleu, de rinceaux à fleurs

ornementales et portant différents attributs attachés par des nœuds d'étoffe. Au bord de l'ouverture, sur l'ourlet, une grecque rouge sur fond jaune;
à la base, bordure analogue surmontée d'une rangée de faux godrons alternativement rouges, bleus
et jaunes et délimités par un filet doré. — Les parois intérieures sont émaillées en vert d'eau, ainsi
que le fond portant en réserve un cachet en bleu
sous couverte à la date de *Kien-Long* (1736-1796).

Pied en bois de fer.

Haut. o.23. Diam. o.15.

237 — Paire de vases sphériques à couvercle capsulaire, décorés au pourtour de riches lambrequins
bordés d'un double filet noir et vert, et ornés de
bouquets de fleurs sur un fond pointillé de noir;
au dessous, des branches fleuries et des papillons;
sur le couvercle, une élégante rosace reproduisant
les festons et les ornements des lambrequins.

Haut. o.105. Diam. o.120.

238 — Gourde à corps sphérique, à col conique pourvu
d'une bague saillante et renflement supérieur
formant ouverture, d'où partent deux anses latérales en forme de sceptre allant se rattacher à la
panse; décor en bleu sous couverte et émaux de couleurs; sur le corps, six bouquets encadrés par une
double bordure de rinceaux et fleurons; sur le col,
des feuilles d'eau; sur le renflement supérieur, des

fleurs de nelumbo à feuillages symétriques; au bord de l'ouverture, bordure de grecques.

Haut. o.265. Diam. o.190.

239 — Gourde à trois renflements et col cylindrique évasé, décorée en bleu sous couverte et émaux de la famille verte de pivoines, lis d'eau, chrysanthèmes et fleurs de pêcher; sur le col, couronne ds feuilles d'eau dressées, alternativement vertes et bleues à nervures d'or.

Haut. o.38. Diam o.18.

240 — Petite buire en forme de brocca, à bec supérieur et anse à poignée soutenue par deux traverses. La panse est verte et chagrinée; l'anse et les traverses sont jaunse. — Porcelaine émaillée sur biscuit.

Haut. o.07.

241 — Aiguière à corps ovoïde, piédouche, col cylindrique, ouverture s'élargissant en bec et anse en S se rattachant à l'ouverture; fond bleu fouetté, décoré en or de fleurs semées; à la base, une bordure de feuilles d'eau; sur la panse, trois médaillons réservés à quatre lobes contiennent l'un des chrysanthèmes, l'autre des fleurs de nelumbos et le troisième des pivoines en émaux de la famille verte.

Haut. o.29. Diam. o.15.

242 — Plateau fond bleu fouetté portant des traces de
décoration en or cinq médaillons en réserve ; un,
central, octogone contenant deux femmes debout
près d'un vase de fleurs ; au pourtour, deux en
forme d'éventail et ornés de rochers fleuris et deux
oblongs à bords lobés renfermant des chiens de Fô
posés sur des rochers.

Diam. 0. 25.

243 — Coupe profonde à piédouche et corps cylindro-
ovoïde divisé en huit compartiments séparés par
de doubles filets en rouge de fer et décorés de
plantes et arbustes fleuris au-dessus desquels
voltigent des papillons et des insectes ; autour de
l'ouverture, bordure de zig zags en rouge de fer ;
au culot, bordure dentelée simulant les pétales
d'une fleur épanouie, tracés et striés en rouge de
fer.

Haut. 0.165. Diam. 0.225.

244 — Coupe de forme hémisphérique surbaissée,
dont le culot figure une fleur d'ibiscus épanouie
en relief, à huit pétales inférieurs teintés en rouge
de fer, et huit pétales supérieurs formant autant
de médaillons lobés et bordés d'un double filet
vert et rouge de fer, contenant alternativement des
fleurs et fruits et des objets sacrés ; dans l'un d'eux
une pêche portont le caractère *Longévité* à moitié
caché par les feuilles ; la partie supérieure du vase
est occupée par deux dragons affrontés au milieu

des nuages et séparés par l'emblème de la foudre;
au bord de l'ouverture, bordure de rinceaux tracés
en rouge.

Haut. 0.095. Diam. 0.150.

245 — Deux coupes hémisphériques à six lobes à piédouche et deux anses latérales. — Décor polychrome : au fond, une corbeille de fruits; au pourtour intérieur, six groupes de fleurs, dont trois portant un oiseau. — Le dessous du pied est décoré d'un
bouquet analogue. — Le pourtour extérieur est
décoré d'un fond noir portant des fleurons ornemanisés réservés en blanc et rehaussés d'or.

Ces curieuses pièces sont la copie littérale d'une
coupe en émail de Limoges de la fin du XVIe siècle.
Elles portent la signature I. I. — Pied en bois de
fer à béquilles à six pieds en console.

Haut. 0.045. Diam 0.132.

246 — Coupe ovoïde sans pied et terminée par un culot
en pointe; fond gris verdâtre piqueté de noir et
chargé de fleurs ornementales entourées de feuillages; sur chaque face, un médaillon rectangulaire
en réserve renfermant des scènes de roman; le
culot est armé d'une rosace à huit pétales bleu et
noir et à cœur jaune, se détachant sur un fond
vert.

Cette coupe est soutenue par un pied élevé en
bois de fer sculpté à jour.

Haut. 0.11. Diam. 0.09.

5

247 — Grand bol campanulé à bords dentelés portant à sa base des gaufrures affectant la forme des pétales d'une fleur de nélumbo, dont chacun est orné d'une tige fleurie; au-dessus, suite de compartiments renfermant des animaux fantastiques ; à l'intérieur, large bordure de rinceaux verts à fleurs de pivoine et de chrysanthèmes émaillées en couleurs; au fond, un Fong-hong perché sur un rocher entouré de pivoines et de magnolias.

Haut. o.185. Diam. o.335.

248 — Bol hémisphérique à bordure de mosaïque pavée à quatre réserves de paysages; fond gris piqueté de noir, décoré de dragons émaillés en bleu parmi des rinceaux à fleurs rouges, et portant quatre médaillons carrés à angles rentrants et contenant des oiseaux dans des paysages; au culot, bordure de faux godrons; au fond une chrysanthème ornementale. En dessous la date de *Tching-Hoâ* (1465-1488).

Haut. o.08. Diam. o.190.

249 — Bol hémisphérique à bordure verte quadrillée à quatre réserves renfermant des fleurs; fond vert pâle à rinceaux et fleurons noirs, orné de vases et objets sacrés et portant quatre médaillons carrés à angles rentrants contenant des animaux chimériques dans des paysages; au culot, bordure de faux godrons; au fond, une chrysanthème orne-

mentale. — En dessous, la date de *Tching-Hoâ*
(1465-1488).

Haut. 0.085. Diam. 0 190.

250 — Bol campanulé à décor plein représentant
l'intérieur d'un palais : une impératrice sur son
trône accompagnée de deux suivantes tenant des
insignes; devant elles, deux personnages debout;
dans une salle voisine, une table sur laquelle est
posé un échiquier; près d'elle, deux personnages
appuyés à la balustrade d'une terrasse. — A l'intérieur du bol, bordure mosaïque chargée de fleurs
à quatre réserves d'objets sacrés. — Au fond, un
lettré assis sur un tapis près d'une pile de livres,
En dessous, la date de *Tching-Hoâ* (1465-1488).

Haut. 0.094. Diam. 0.19⁵.

251 — Bol campanulé, décoré en plein : quatre guer-
riers se présentant à l'entrée d'un pavillon, sur le
seuil duquel se tient une femme debout; dans
l'intérieur on aperçoit un empereur assis sur un
fauteuil et dormant; au fond du bol, un lettré assis
sur un tapis auprès d'une pile de livres. — En
dessous, un cachet.

Haut. 0.095. Diam. 0.200.

252 — Bol conique octogone; sur chaque pan, un
médaillon contenant une scène familière; à l'intérieur, bordure quadrillée rouge à médaillons

arbesques ; au fond, un paysage. — En dessous,
un vase en bleu sous couverte.

Haut. 0.10. Diam. 0.19.

253 — Bol hémisphérique à pourtour gravé profondément de bâtons rompus à fond vert; au culot,
bordure de faux godrons; à l'intérieur bordure de
bâtons rompus en jaune et vert, à six réserves contenant de grosses fleurs rouges, au fond, un Fong-
hoang En dessous, la date.

Haut. 0.09. Diam. 0.19.

254 — Bol hémisphérique à bordure étroite de rinceaux rouges, et fond gravé de bâtons rompus blancs
sur vert, portant quatre médaillons circulaires
ornés de bouquets en rouge et or; à l'intérieur,
bordure mosaïque; au fond, une pivoine en rouge
et or.

Haut. 0.0S5. Diam. o 185.

255 — Bol campanulé à décor gravé dans la pâte de
deux dragons lançant la foudre, émaillés en jaune,
vert et violet de manganèse; au fond, dans un médaillon circulaire, des rochers battus par les flots de
la mer.

En dessous, la date de *Siouen-Te* (1426-1436).

Haut. 0.092. Diam. 0.210.

256 — Bol campanulé décoré à la base des flots de la
mer et de rochers, au-dessus desquels volent quatre

dragons peints en rouge et le caractère *Bonheur* deux fois répété.

En dessous, la date de *Tching-Hoâ* (1465-1488).

Haut. 0.075. Diam. 0.175.

257 — Bol hémisphérique à bordure mosaïque à huit réserves de fleurs et fruits; fond vert piqueté de noir et semé de fleurettes, portant huit médaillons en réserve, de formes variées, et contenant des rochers fleuris; au bord intérieur, bordure mosaïque. à quatre réserves d'objets sacrés; au fond, un panier fleuri.

En dessous, marque au *Kouei*.

Haut. 0.085. Diam. 0.185.

258 — Bol campanulé à bordure mosaïque, chargée de fleurs et de papillons; au-dessous, quatre médaillons de formes variées, contenant des paysages, des oiseaux et des animaux sacrés ; à l'intérieur, bordure verte, piquetée de noir, ornée de fleurettes et de papillons, et interrompue par quatre réserves de fleurs ; au fond, un fruit entouré de feuilles et rongé par un loir.

En dessous, marque à la hache sacrée.

Haut. 0.10. Diam. 0.20.

259 — Bol campanulé à fond émaillé, représentant les flots de la mer sur lequel se détachent des dragons et des monstres marins réservés en bleu sous cou-

verte ; au bord extérieur, bordure de grecques ; au fond, dans un médaillon circulaire, un dragon au milieu des flots de la mer.

En dessous, la date de *Tching-Hoâ* (1465-1488).

Haut. 0.09. Diam. 0.21.

260 — Bol légèrement campanulé et très évasé ; fond nankin, décoré à l'extérieur d'un rocher entouré de végétations fleuries au-dessus desquelles volent des oiseaux ; à l'intérieur, des tiges fleuries de pivoines, chrysanthèmes, etc.

En dessous, un cachet en bleu.

Haut. 0.072. Diam. 0.220.

261 — Bol campanulé très évasé, décoré au pourtour de quatre groupes de fleurs et de coquillages ; à l'intérieur, un dragon à quatre griffes, volant dans les nuages.

Haut. 0.072. Diam. 0 220.

262 — Bol campanulé très évasé, décoré au pourtour de quatre médaillons circulaires composés de tiges de pivoines et de chrysanthèmes ; entre ces médaillons, des rinceaux fleuronnés ; au fond, dans un médaillon, bordé d'un double filet en bleu sous couverte, deux papillons et des fleurs. Toute cette décoration est tracée en bleu et émaillée en couleurs.

En dessous, Nien-Hao à six caractères : *Young-Tching* (1723-1736).

Haut. 0.072. Diam. 0.225,

263 — Bol campanulé, à côtes, et bord dentelé ; au pourtour, trois enfants alternant avec de grosses pivoines entourées de feuillages ; à l'intérieur, bordures arabesque et bouquets.

Marque au lapin.

Haut. 0.060 Diam. 0.126.

264 — Bol campanulé évasé, à pans, à bord relevé et lobé ; l'extérieur est divisé par des filets rouges, en huit compartiments occupés par des fleurs ; à l'intérieur, des branches de pêcher et des oiseaux ; au fond, un rocher entouré de chrysanthèmes et de pivoines sur lesquelles vole un papillon.

En dessous, un cachet.

Haut. 0.065. Diam. 0.195.

265 — Deux gobelets élevés sur piédouche, à huit pans, encadrés de filets en bleu sous couverte et finement décorés de rochers fleuris, et insectes en émaux de la famille verte.

Haut. 0.122. Diam. 0.075.

266 — Tasse campanulée et soucoupe fond vert à rinceaux noirs et fleurs rouges à quatre médaillons, en réserve, à bords lobés et terminés en pointe

encadrés d'un filet émaillé bleu, et contenant des tiges fleuries et des papillons; au centre de la soucoupe et au fond de la tasse, rosace émaillée en bleu vert et jaune et entourée de fleurons.

Marque à la pierre sonore.

Haut. de la tasse 0.040. Diam. de la soucoupe 0.128.

267 — Tasse et soucoupe lobées à bords dentelés, décorées de vases et objets sacrés. Bordure de zigzags en rouge de fer.

Haut. de la tasse 0.038. Diam. de la soucoupe 0.112.

268 — Tasse hémisphérique et soucoupe côtelées à bords dentelés; décor à compartiments, contenant alternativement un fond rose quadrillé d'or à rosace en réserve et des branches fleuries; au centre, zone fond rouge à rinceaux et rosaces en réserve, entourant une chrysanthème armoriale; dans l'intérieur de la tasse et au revers de la soucoupe, trois chrysanthèmes émaillées en rose, irrégulièrement semées.

Haut. de la tasse 0.04. Diam. de la soucoupe 0.11.

269 — Tasse campanulée et soucoupe, décorées extérieurement d'un fond noir émaillé, décoré de branches de pêcher en fleur et de trois médaillons lobés en losanges à fond émaillé blanc, décorés de branches fleuries; à l'intérieur, bordure en zigzag, fleurettes et médaillon central orné d'un rocher

fleuri, en bleu sous couverte ; le reste du décor se compose de fleurs et feuillages, en émaux de la famille verte.

Haut. de la tasse 0.04. Diam. de la soucoupe 0.12.

270 — Grand compotier à bordure mosaïque, coupée par quatre réserves de fleurs encadrant un fond rouge décoré de rinceaux fleuris en réserve, sur lequel se détache une grande rosace à quatre branches disposées en croix, et bordées de filets verts contenant alternativement des paysages et des rochers fleuris ; médaillon central à quatre lobes, à bordure jaune et filet vert, contenant des vases.

En dessous, marque à la feuille.

Diam. 0.27.

271 — Deux compotiers à bord évasé, décorés a pourtour extérieur d'oiseaux et de plantes aquatiques ; au fond, même décoration dans un médaillon circulaire encadré d'un double filet rouge.

En dessous, Nien-Hao à six caractères : *Tching-Hoâ* (1465-1488).

Diam. 0.20.

272 — Compotier à bord godronné et dentelé ; au fond, médaillon à quatre pointes lobé, contenant un vase de fleurs posé sur une balustrade, à l'entrée d'une habitation ; autour, quatre groupes de vases et objets sacrés, alternant avec quatre médaillons circulaires contenant des pins et des bambous ; sur

le bord, un rang de rosaces correspondant à chacune des dents.

Diam. 0.24.

273 — Compotier, décoré en plein; sur une terrasse
plantée de grands arbres, un homme et une femme
assis jouent de la flûte; près d'eux, une servante;
sur le devant, un Fong-hoang.

En dessous, Nien-Hao à six caractères : *Khang-
Hy* (1662-1723).

Diam. 0.205.

274 — Compotier du même service; le décor représente
deux philosophes s'entretenant à l'ombre de bana-
niers, dans un paysage rocheux; près d'eux, un
grand vase, des livres et tout ce qu'il faut pour
écrire.

Même Nien-Hao que la pièce précédente.

Diam. 0 205.

275 — Compotier à fond rouge de fer uni, entourant
un médaillon circulaire qui occupe le fond, et
représentant un personnage assis sur un rocher,
devant lui, un enfant semble lui préparer son repas.

En dessous, Nien-Hao à six caractères : *Tching-
Hoâ* (1465-1488).

Diam. 0.21.

276 — Compotier à bordure quadrillée rouge à fleurons d'or et huit réserves contenant des fleurs; au

fond, dans un médaillon circulaire, un pêcher en fleur et des roses; autour, quatre groupes rayonnant alternativement de lyng-tchy et de chrysanthèmes.

Diam. o 225.

277 — Grand plat creux, bordé d'un double filet en bleu sous couverte répété autour d'un médaillon central circulaire, contenant un paysage, où quatre femmes, précédées d'un axis, portent des fleurs, des fruits et des attributs sacrés; au revers, des grues volant au milieu de nuages teintés en rouge de fer.

En dessous, Nien-Hao à six caractères : *Tching-Hoâ* (1465-1488).

Diam. o.40

278 — Plat creux hémisphérique, légèrement campanulé, en porcelaine émaillée sur biscuit; fond blanc gravé de fleurs, surdécoré en émaux de la famille verte; au fond, un rocher fleuri; au revers, des branches de pivoine et de chrysanthème.

En dessous, six caractères indiquant la date de Kang-Hy.

Diam. o.35.

279 — Plat creux à bord évasé; au fond, grand médaillon circulaire décoré d'oiseaux parmi des bambous et des graminées; autour, large bordure mosaïque à quatre réserves de fleurs; sur le bord,

étroite bordure de losanges alternativement verts
et jaunes sur fond vert piqueté de noir.

En dessous, marque à six caractères, à la date de
Tching-Hoâ (1465-1488).

Diam. 0.325.

280 — Deux plats creux campanulés à bord lobé et
relevé; bordure godronnée, divisée en compartiments rayonnants décorée de rochers fleuris; au
fond, un rocher fleuri.

Diam. 0.28.

281 — Plat creux à bord évasé à bordure grecque en
vert et rouge entourant un fond filigrané rouge;
au fond, grande rosace à six pointes décorée de
rinceaux verts à demi-chrysanthèmes alternativement rouge et lilas, et portant un médaillon
circulaire renfermant un éléphant blanc dans un
paysage; au revers, entre deux bordures ornementales rouges, trois groupes de fleurs de grenades.

En dessous, un cachet à quatre caractères tracés
en rouge.

Diam. 0.27.

282 — Plat évasé à petit bord relevé; au fond, un
paysage rocheux au milieu duquel est un Ki-lin;
au-dessus de lui, un Fong-hoang volant; au pourtour, large bordure composée de douze médaillons
à partie supérieure en pointe se détachant sur un

fond vert à rinceaux noirs et demi-fleurons; ces médaillons sont alternativement occupés par des animaux chimériques et des branches fleuries portant un oiseau.

En dessus, un cachet en bleu sous couverte.

Diam. 0.36.

283 — Plat à marli décoré d'une bordure de fonds partiels, alternativement de bâtons rompus en vert et noir, et de fleurs de pêcher semées sur un fond vert d'eau piqueté de noir, séparée par six médaillons en réserve, et contenant une fleur rouge accompagnée de feuilles; au fond, un panier fleuri.

Marque à la feuille.

Diam. 0.35.

284 — Petit plat à huit lobes, décorés alternativement d'un animal chimérique et d'un rocher fleuri portant un oiseau; au centre, dans un médaillon octogone encadré d'une bordure fond lilas filigranée de noir et ornée de petites rosaces alternativement rouges et bleues, un chien de Fô jouant avec une boule.

En dessous, marque au *Lyng-Tchy*, et un chiffre gravé indiquant la provenance du palais japonais de Dresde.

Diam. 0.27.

285 — Petit plat à marli fond filigrané de rouge, décoré

de branches de pin et de pêcher en fleurs ; au fond, bouquet de nélumbos, au-dessus duquel volent deux oiseaux.

En dessous, marque à la coupe *Tsio*, en bleu sous couverte.

Diam. 0.27.

286 — Petit plat à marli, étroit, décoré d'une bordure mosaïque en rouge et orangé, portant quatre médaillons inscrits de caractères ; au fond, un oiseau perché sur une branche chargée de fruits.

Diam. 0.25.

287 — Petit plat à marli décoré d'une bordure verte pailletée de noir, chargée de quatre fleurs ornementales, et interrompue par quatre réserves en forme de fruits, et contenant des fleurs sur la chute, des lambrequins bordés d'un filet noir ponctué de vert et à fond gris filigrané chargé de fleurs et feuillages ; au centre, rosace rouge et or.

En dessous, marque à la feuille.

Diam. 0.22.

288 — Assiette côtelée à bord dentelé ; large bordure couvrant le marli et la chute, fond quadrillé à huit médaillons en réserve occupés par des fleurs ; au centre, sur un fond émaillé vert orné de fleurs noires à cœur jaune, grande rosace à huit dents décorée de fleurs.

Marque au Lapin.

Diam. 0.21.

289 — Deux grandes soucoupes campanulées à revers rouge de **fer**, décoré d'enfants jouant sous des arbres ; au fond, des balustrades et des nuages tracés en or ; à l'intérieur, le caractère *Bonheur* en rouge et or, entouré de cinq chauve-souris.

En dessous, cachet rouge à la date de ~~Kien-Long~~.

Diam. o.15.

290 — Lanterne octogone, en porcelaine mince, à corps légèrement renflé, décorée au pourtour d'un paysage où, parmi des arbres et des rochers, se jouent des troupeaux de cerfs et de biches ; partie supérieure conique à fond vert pailleté de noir, sur lequel se détachent des médaillons carrés à angles rentrants, contenant alternativement le caractère *cheou* (longévité) et un fleuron en rouge et or, couronnée d'une galerie évasée, ajourée et dentelée en céladon vert d'eau ; le soubassement, de même forme renversée, reproduit la même décoration.

Pièce exceptionnelle.

Haut. o.33. Diam. o.20.

291 — Cage à mouche en forme de boule sphérique, portant à sa partie supérieure une ouverture ronde fermée par un petit couvercle plat et ajouré. Le fond entièrement réticulé à jour est décoré d'étroites bordures mosaïques vertes à rosaces rouges divisant la sphère en quatre médaillons contenant des rochers fleuris.

Pied à cinq béquilles en bois de fer.

Diam. o 15.

292 — Flacon à tabac à corps cylindrique et petit col légèrement évasé; à la base les flots de la mer; au-dessus des dragons émaillés en couleurs variées, volant parmi les nuages.
En dessous, une marque à quatre caractères.

Haut. o.o8. Diam. o.o4.

293 — Deux tasses campanulées et soucoupes à fond extérieur émaillé noir à reflets métalliques, décoré en réserve de trois médaillons lobés contenant des fleurs émaillées en jaune, violet de manganèse et vert; autour, des branches de pêcher; à l'intérieur, bouquets symétriques alternativement en couleur et en bleu sous couverte.

Diam. de la casse o.o75. Diam. de la soucoupe o.115.

294 — Soucoupe en forme d'assiette à marli, bordure vert pâle piqueté de noir à quatre réserves contenant des objets sacrés, au fond un groupe de pivoines.

Diam. o.13.

295 — Deux petites coupes campanulées élevées sur un pied conique; au pourtour, quatre enfants jouant; au fond, une branche chargée de deux pommes de pin.

En dessous la date de *Siouen-Te* (1426-1436).

Haut. 0.08. Diam. 0.09.

296 — Grand plat à bord évasé, fond vert pâle piqueté de noir chargé de fleurs et de papillon, sur lequel se détachent neuf médaillons de formes variées et symétriquement disposés, contenant des paysages animés d'oiseaux, de fleurs et d'objets sacrés ; autour, large bordure mosaïque coupée par huit réserves contenant des fleurs et des insectes.

Diam. 0.52.

297 — Petit plat creux à bord godronné, au fond des rochers fleuris et des Fong-Hoangs ; autour, bordure à huit compartiments, contenant des rochers fleuris et des animaux chimériques.

En dessous, marque à six caractères, à la date de *Tching-Hoâ* (1465-1488).

Diam. 0.275.

298 — Plat creux à fond rouge décoré en réserve ; au fond deux axis au pied d'un arbre sur lequel est perchée une guenon ; bordure extérieure et intérieure de légers lambrequins.

Diam. 0.?4.

299 — Gourde à deux renflements et col cylindrique, fond vert pâle piqueté de noir sur lequel se détachent des médaillons de formes variées contenant

6

des paysages et des fleurs; autour du col, couronne
de feuilles d'eau.

Haut. 0.2 f. Diam. 0.20.

300 — Vase lancelle à col évasé et ouverture cylindrique ; sur la panse, quatre médaillons rectangu-
laires contenant des paysages, des fleurs et des
objets sacrés, se détachant en réserve sur un fond
lilas piqueté de noir et chargé de fleurs; sur le col
bordure mosaïque à quatre réserves contenant des
enfants, au-dessus, ceinture de feuilles d'eau dressées ; sur la base, des lambrequins.

En dessous, la date de *Tching-Hoâ* (1465-1488).

Haut. 0.40. Diam. 0.18.

301 — Petit bol hémisphérique décoré d'un fond rouge
de fer, sur lequel se détachent quatre médaillons
circulaires contenant des enfants en bleu sous couverte séparés par des chauve-souris émaillées en
vert et soutenant des nœuds formant pendentifs.
Au fond, en bleu sous couverte, un personnage
debout auprès d'un axis.

Cachet à la date de *Kien-Long* (1736-1796).

Diam. 0.12.

302 — Gourde orbiculaire à col cylindrique relié à la
panse par deux dragons en ronde bosse. Fond vert
pâle piqueté de noir et décoré de fleurs. Sur chaque face, un médaillon circulaire, contenant d'un

côté un chien de Fô, et de l'autre des axis et des
oiseaux.

Haut. 0.165. Diam. 0.125.

PORCELAINES ÉMAILLÉES

SUR BISCUIT

FAMILLE VERTE

303 — Chien de Fô assis sur un socle rectangulaire,
il tient, posée sur sa patte droite levée, une boule
ajourée et des bandes d'étoffes, et porte inscrit sur
le fond le caractère *Ouang* (prince). Le corps est
émaillé en vert à flammes rouges, l'épine dorsale
porte une double frange de poils formant des
dents alternativement jaunes et violet de manganèse. — Le socle à fond vert caillouté, chargé de
fleurs semées, porte sur chaque face un médaillon oblong lobé, contenant des rochers fleuris.

Haut. 0.14. Diam. 0.195.

304 — Paire de chien de Fô assis sur une base quadrangulaire à consoles en porcelaine émaillée sur
biscuit en vert, jaune et violet de manganèse.
L'un, dont le corps est émaillé en jaune, est accompagné de son petit et porte sur le dos un cornet à quatre pans, émaillé en vert. L'autre, à
corps émaillé en vert, a la patte gauche appuyée

sur l'axe d'une boule ajourée et mobile et porte
sur le dos un cornet à quatre lobes, émaillé en
vert.

Haut. 020.. Diam. 0.08

305 — Paire de chiens de Fô couchés, l'un émaillé en
jaune et vert, l'autre en vert jaune et violet de
manganèse, portant inscrit en noir sur le front le
caractère *Ouang* (prince). Sur le dos de chacun
d'eux, un vase quandrangulaire à col évasé, décoré
sur chaque face d'un semé de fleurs de pêcher
blanches se détachant sur un fond vert marbré de
noir ; le col émaillé en jaune est décoré sur chaque
face d'une branche fleurie.

Haut. 0.185. Diam. 0.110.

306 — Petit chien couché, émaillé en blanc et taché
de noir.

Long. 0.20.

307 — Perroquet émaillé en vert sauf le bec réservé
en biscuit, perché sur un rocher ajouré et maculé
de blanc, de jaune, de vert et de manganèse.

Haut. 0.18.

308 — Petit fruit cucurbitacé à côte, émaillé en jaune
ponctué de vert à la partie supérieure.

Diam. 0.06.

309 — Petit brûle-parfums en forme de soulier à talon et extrémité très pointue et relevée; porcelaine émaillée sur biscuit de marbrures jaunes, vertes, blanches et violet de manganèse. — L'ouverture est pourvue d'un couvercle treillissé en bronze.

Long. 0.115.

310 — Vase à boire en forme de tête de vache, dont le licou attaché aux narines s'enroule en huit autour des cornes; couverte émaillée sur biscuit et marbrée de brun, jaune, vert et blanc; les cornes et les prunelles des yeux sont émaillées en noir.

Reproduction extrêmement rare et curieuse d'un rhyton antique.

Pied en bois de fer.

Long. 0.120. Diam. 0.055.

311 — Petite potiche turbinée à petit col évasé, fond émaillé vert émeraude à gravures figurant des nuages au milieu desquels volent des chauves-souris en violet de manganèse, parmi des vases et objets sacrés en jaune et blanc.

Pied en bois de fer.

Haut. 0.22. Diam. 0.12.

312 — Vase à corps ovoïde et col cylindro-conique, fond jaune portant d'un côté un grand médaillon rectangulaire, décoré d'un paysage où l'on voit un cavalier se retournant vers deux femmes debout

dans un char poussé par un homme ; sur l'autre face, un médaillon lobé contenant un paysage aquatique ; sur le col des branches de bambou et de pêcher en fleur.

En dessous Nien-Hao à six caractères : *Kang-Hy* (1662-1722).

Haut. 0.21. Diam. 0.11.

313 — Vase octogone à corps surbaissé et col évasé, élevé sur un piédouche conique, fond jaune impérial à décor d'ornements gravés et émaillés en vert.

En dessous marque à quatre caractères en creux.

Haut. 0.11. Diam. 0.08.

314 — Vase ovoïde à piédouche et col évasé, fond jaune impérial, cerclé sur la panse d'une bande mosaïque pavée en émaux de la famille verte ; à la base, de faux godrons ; sur l'épaulement, bordure ornementale surmontée d'une couronne de feuilles d'eau dressées.

Pied en bois de fer.

Haut. 0.30. Diam. 0.16.

315 — Vase quadrilobé, carré de plan, à piédouche, à corps renflé et deux anses latérales, formées par des têtes chimériques portant des anneaux adhérants, fond violet de manganèse, décoré en blanc et vert,

sur une face, d'un bouquet de chrysanthème et sur l'autre, d'une tige de pêcher en fleurs.

En dessous un cachet gravé à la date de *Kien-Long*.

Pied en bois de fer.

Hauf. o.19?. Diam. o.o95.

316 — Bouteille piriforme à piédouche cylindro-conique. Sur la panse, fond vert filigrané de noir simulant les flots de la mer et décoré en blanc, jaune et violet de manganèse de rochers, chevaux marins et emblèmes sacrés; sur le col, des feuilles d'eau dressées partant d'une bordure grecque; autour de l'ouverture, bordure de zigzags.

Haut. o.185. Diam. o.o9o.

317 — Petite coupe en forme de feuille émaillée en vert et contenant une grappe de raisin et un loir émaillés en jaune et violet de manganèse.

Long. o.12.

318 — Coupe octogone à bords lobés, émaillée en jaune, supportée par trois petits pieds coniques; l'anse est formée par une branche de chrysanthème dont les tiges et les fleurs gaufrées se répandent à l'intérieur et à l'extérieur de la coupe; les fleurs sont émaillées en blanc, les feuilles en vert et les tiges en violet de manganèse.

Haut. o.o4. Diam. o.11.

319 — Coupe émaillée en vert, de même forme que la pièce précédente et à décor analogue.

Long. 0.115. Diam. 0.125.

320 — Coupe de forme bursaire surbaissée sur piédouche et à deux anses formées par des masques de lion ; au pourtour, huit figures en relief représentant les huit immortels ; à l'ouverture et sur le piédouche, bordures de rinceaux gravés.

Porcelaine émaillée sur biscuit en vert et quelques parties en blanc, jaune et manganèse.

Pied en bois de fer.

Haut. 0.07. Diam. 0.11.

321 — Coupe formée par la moitié d'une pêche de longévité, à anse et trois petits pieds formés par une tige dont les feuilles et les fleurs gravées dans la pâte se répandent sur la face interne et externe ; couverte marbrée de vert, jaune, blanc et violet de manganèse.

Haut. 0.45. Diam. 0.90.

322 — Coupe à eau à quatre lobes, formée par une feuille de nélumbo près de laquelle nage un canard.

Porcelaine émaillée sur biscuit en vert, jaune et violet de manganèse.

Diam. 0.07.

323 — Théière sphérique à huit lobes, à anse supérieure et goulot en S ; fond vert clair décoré de tiges fleuries en violet de manganèse, vert et noir ; autour du col, un lambrequin à fonds de bâtons rompus, alternant avec un fond jaune décoré d'un emblème sacré ; le goulot est émaillé en jaune.

En dessous, dans un cachet tracé en noir, le caractère *Fou* (bonheur).

Haut. 0.16. Diam. 0.10.

324 — Théière cylindroïde à côtes figurant des tiges de bambous assemblées, émaillées alternativement en vert, en jaune et en violet de manganèse, et décorées de fleurs tracées en noir ; anse et goulot en S formés par des tiges de bambous et émaillés en vert ; couvercle plat à poignée formée également par une tige de bambou.

Haut. 0.10. Diam. 0.09.

325 — Plateau carré à bord dressé légèrement évasé, décoré en vert, jaune et violet de manganèse avec rehauts de noir ; un personnage accompagné d'un porte-étendard et précédé de deux enfants portant des lanternes (?) ; sur le pourtour extérieur, bordure quadrillée.

Diam. 0.165.

326 — Plateau hexagone à six petis pieds festonnés, à côté évasé et bord plat ; au fond, un rocher entouré de fleurs sur lequel est perché un faisan ;

bord intérieur quadrillé de noir sur fond vert; sur le bord plat, des fleurs de pêchers semées sur un fond caillouté vert foncé et noir; l'extérieur est à fond de mosaïque quadrillée.

327 — Plat creux à bord évasé, revêtu extérieurement et intérieurement d'un fond vert filigrané de noir simulant les flots de la mer et décoré en blanc, jaune et violet de manganèse de rochers et emblèmes sacrés.

En dessous, Nien-Hao à six caractères : *Tching-Hoâ* (1465-1488).

Diam. 0.325,

328 — Compotier à bord évasé, décoré en plein, sur fond jaune, d'un paysage aquatique et rocheux; au premier plan, un personnage portant un panier rempli de plantes.

Diam. 0.20.

329 — Bol hémisphérique marbré de blanc, jaune, vert et violet de manganèse; à l'intérieur, décor gaufré de dragons au milieu de nuages, au-dessus des flots de la mer; bordure de rosaces et rinceaux.

Pied en bois de fer.

Haut. 0.065. Diam. 0.142.

330 — Petit bol hémisphérique, fond vert filigrané de noir figurant les flots de la mer, portant des che-

vaux marins, des coquillages, des fleurs de pêcher, etc., en blanc, jaune et violet de manganèse.

Haut. 0.06. Diam. 0.10.

331 — Boîte lenticulaire à couverte jaune impérial,
décorée d'une branche de chrysanthème à fleurs
blanches.

Diam. 0.065.

FAMILLE ROSE

332 — Brûle-parfums quadrilatéral à pans coupés, à
base adhérente, formant saillie et supportée par
une galerie ajourée; décor plein mosaïque; sur
chaque face, un dragon réservé en blanc formant
médaillon en relief et ajouré; le couvercle pyra-
midant est percé de jours à sa partie supérieure, et
surmonté d'un bouton en jade gris, représentant
un philosophe accompagné d'un cerf et d'une grue.
En dessous, dans un médaillon rectangulaire réservé en creux Nien-Hao de six caractères, de la
période *Kien-Long* (1736-1796).

Haut. 0.260. Diam. 0.165.

333 — Vase à corps, de forme subconique à col évasé,
décoré sur une face d'un très grand caractère (longévité), ornemanisé, à fond bleu verdâtre, chargé

de branchages de pêcher en fleurs ; sur ce caractère, Cheou-Lao, Dieu de la longévité, monté sur le cerf et accompagné de deux enfants portant, l'un une coupe remplie de pêches, et l'autre une corbeille de lyng-tchy (le cerf, la pêche et le lyng-tchy sont des emblèmes de longévité) ; de l'autre côté, sur un trépied, une coupe contenant des fruits ; au-dessus, deux branches de pêcher ; sur le col, des objets sacrés.

Haut. 0.170. Diam, 0.170.

334 — Vase lancelle, à corps ovoïde et à deux anses en ailerons de chaque côté du col, et portant un renflement autour de l'ouverture ; la panse est décorée en plein d'un paysage aquatique entre deux bordures de rinceaux verts à rosaces rouges ; le col et le piédouche sont émaillés en noir et décorés en couleurs de bordures festonnées et fleurs ornementales. — L'intérieur et le dessous sont émaillés en vert d'eau.

En dessous, cachet tracé en rouge, à la date de *Kien-Long* (1735-1736).

Haut. 0.275. Diam. 0.150.

335 — Petite potiche turbinée à piédouche et col rétréci légèrement évasé, fermé par un couvercle légèrement bombé et percé de six trous, dont le bouton est formé par une grenouille ; fond émaillé vert clair, semé irrégulièrement de rosaces en cou-

leurs variées; sur l'épaulement autour du col, bordure festonnée fond rose et à filet bleu percée de petits trous, comme le couvercle; autour du col, couronne de feuilles dressées alternativement rouges et vertes.

En dessous, cachet en bleu sous couverte, à la date de *Kien-Long*.

Haut. o.20. Diam. o.11.

336 — Petite urne ovoïde à col évasé, décorée d'une femme debout, suivie de deux enfants ; au fond, des meubles et un vase contenant des rouleaux. L'intérieur est émaillé en vert d'eau, ainsi que le dessous qui porte, en réserve, un cachet tracé en rouge, à la date de *Kien-Long*.

Haut. o.195. Diam. o.080.

337 — Vase ovoïde à col cylindrique et ouverture évasée; fond jaune soufre décoré de rinceaux et fleurs polychromes; sur chaque face, un médaillon réservé en hauteur, à bords festonnés et décoré d'enfants jouant dans un paysage; sur l'épaulement, bordure ornementale fond rose et lambrequins fond vert bordés de filets bleus, noirs et roses.

Haut. o.37. Diam. o.19.

338 — Vase lancelle décoré à sa partie supérieure de riches lambrequins fond émaillé vert à rinceaux

roses, sur lequel se détachent des fleurs de pivoine et de chrysanthème ; les pointes se terminent par des pendeloques ornées de glands ; quatre médaillons circulaires composés alternativement d'un dragon à quatre griffes et d'un Fong-hoang ; au-dessous, bordure de rinceaux à fleurons ; le décor est répété sur le corps du vase ; à la base, une rangée de faux godrons en spirale, émaillés alternativement en vert, rouge, bleu et rose sur fond jaune.

Haut. o.445. Diam. o.220.

339 — Vase à corps ovoïde, à base cylindrique et col évasé, décoré au pourtour d'un paysage ; au bord d'une rivière aux rives montagneuses, des enfants jouent à l'ombre de grands arbres, dans une enceinte et sur un pont bordé de balustrades ; les uns jouent des instruments, les autres portent des emblèmes sacrés. Le col et la base sont décorés en bleu sous couverte ; sur le col, des rinceaux fleuris ; sur l'épaulement, bordure de grecques et lambrequin ; au culot, de faux godrons à pendeloques. — En dessous, cachet à la date de *Kien-Long* (1736-1796).

Haut. o.37. Diam. o.16.

340 — Vase à corps ovoïde, à base cylindrique et col évasé ; couverte émaillée d'un vert bleuâtre, marbré de veines noires ; sur ce fond, se détachent des fleurs semées, émaillées en couleurs. — Sous le

pied, un dragon à cinq griffes volant dans les
nuages ; au-dessus, des flots de la mer tracés
en or.

Haut. 0.40. Diam. 0.19.

341 — Grosse potiche à ouverture cylindrique, et fond
émaillé bleu à rinceaux blancs, sur lequel se détachent des fleurs de chrysanthèmes et de pivoines
variées de couleurs ; sur ce fond d'une très grande
richesse, sont réservés quatre grands médaillons,
deux circulaires et deux en forme de feuilles, où
sont représentés des sujets à personnages d'une
remarquable finesse d'exécution. — Sur l'épaulement, lambrequin bordé d'un filet noir et décoré
de fleurs et rosaces sur fond filigrané brun ; sur le
col, bordure quadrillée rose à quatre réserves, contenant des plantes et rochers en encre de Chine ; à
la base, bordure de faux godrons décorés de pendeloques terminées par un gland.

341 Bis Haut. 0.47. Diam. 0.31.

342 — Potiche turbinée à petit col évasé : une femme
assise, devant une table rustique, tient un sceptre
et pose la main sur la tête d'un enfant ; devant
elle, une femme debout tenant un enfant dans ses
bras ; étagère chargée de livres, rouleaux et objets
sacrés.

Haut. 0.23. Diam. 0.14.

343 — Vase turbiné à col évasé et base formant bourrelet sur chaque face, médaillon circulaire composé, d'un côté par un personnage accroupi et développant un rouleau, de l'autre un groupe de champignons sacrés et de tiges de bambous.

En dessous, Nien-Hao à six caractères : *Young-Tching* (1723-1736).

344 — Vase cylindrique à décor plein en relief représentant les flots de la mer sur lesquels vogue un génie debout, un pied posé sur la tête d'un dragon.

L'intérieur et le dessous sont émaillés en vert d'eau. En dessous, danc un médaillon rond réservé en creux, Nien-Hao à six caractères indiquant la date de *Tching-Hoa* (1435-1488).

Cette pièce est évidemment beaucoup plus moderne. — Pied en bois de fer.

Haut. o.16. Diam. o.18.

345 — Petit vase turbiné à petit col court évasé, décoré en émaux de couleurs tendres de deux divinités debout sur des nuages et portant des fleurs.

Haut. o.16. Diam. o.10.

346 — Vase à corps ovoïde, sur piédouche, et col cylindrique à ouverture évasée à bord renflé, flanqué de deux ailerons formés par des feuilles brunes à nervures dorées ; le décor consiste en un fond

treillissé vert d'eau et noir; sur la panse, quatre médaillons en réserve à encadrement doré et orné de fleurs, contenant un tigre qui semble suspendu à une corde; entre les médaillons, des pendeloques partant d'une bordure festonnée placée sur l'épaulement, à la naissance du col; sur le col, deux feuilles à folioles dressées sur les côtés; sur les faces, des pendeloques partant d'une bordure festonnée, placée autour de l'ouverture.

En dessous, cachet à la date de *Kien-Long*. — Pied en bois de fer.

Haut. 0.255. Diam. 0.12.

347 — Cornet en porcelaine mince et très légère : une jeune femme assise près d'une table chargée de livres et vases de fleurs et de fruits; devant elle, une suivante portant un enfant; derrière, un enfant jouant avec un éventail et un papillon.

Haut. 0.223. Diam. 0.110.

348 — Cornet à bord brun et fond émaillé rose pâle semé de fleurs de chrysanthèmes rouges et bleues; à la partie supérieure, deux médaillons réniformes en réserve contenant des fleurs; à la base, deux autres, en forme d'éventails, également décorés de fleurs.

Haut. 0.25. Diam. 0.12.

349 — Vase quadrangulaire à piédouche et col évasé; sur chaque face un panneau rectangulaire réticulé

7

à jour émaillé en rouge portant un médaillon
rond réservé en blanc à sujets de personnages
finement peints en encre de Chine à rehauts de
rouge ; autour, bordure quadrillée mosaïque ; sur
l'épaulement, fond émaillé de bâtons rompus alternativement vert et rouge, et bleu et jaune, sur
lequel se détache une fleur de pivoine ; le col est
orné de panneaux ajourés analogues à ceux de la
panse et encadrés d'une bordure de rinceaux bruns
sur fond bleu ; sur le piédouche, bordure de faux
godrons en spirale émaillés en jaune et bleu.

Haut. 0.32. Diam. 0.09.

350 — Petit vase sphéroïdal à col court cylindrique
décoré d'une ceinture de rinceaux émaillés en vert
portant des fleurs ornementales en rouge et bleu ;
sur l'épaulement et à la base, bordures de faux
godrons.

En dessous, Nien-Hao à six caractères indiquant
la date de *Tching-Hoa* (1465-1488). — Très vrai-
semblablement fausse.

351 — Deux bouteilles piriformes à col cylindrique :
décor plein représentant trois personnages en riche
costume prenant un repas en plein air ; derrière
eux, un serviteur ; sur une balustrade, un paon
autour de l'ouverture, bordure de lambrequin à
quadrillés noir sur fond d'or ; sur le piédouche,
bordure imbriquée vert et noir.

Haut. 0.195. Diam. 0.100.

352 — Bouteille à corps ovoïde élevé sur une base cylindrique, et col évasé flanqué de deux anses en ailerons formés par des dragons en rouge et or ; sur la panse, décor plein représentant des nélumbos émergeant de l'eau, entre deux bordures de festons émaillés en couleurs vives avec rehauts d'or ; le col est entièrement émaillé, fond vert d'eau décoré de rinceaux en couleurs et tracés en or ; la base, émaillée en bleu pâle, porte une grecque en bleu foncé.

En dessous, un cachet doré, à la date de *Kien-Long*.

Haut. o.23. Diam. o.11.

353 — Bouteille quadrangulaire aplatie à piédouche et long col entouré d'un dragon en relief tenant une branche de lyng-tchy ; décor émaillé en bleu et pourpre ; sur le corps, large bande vermiculée à fleurs ornementales et chauves-souris ; à la base, bordure de faux-godrons ; autour du col, bordure formée par une série de cartouches juxtaposés et contenant des inscriptions.

Haut. o.315. Diam. o.170.

354 — Bouteille piriforme à piédouche et goulot se renflant à sa partie supérieure ; fond émaillé vert d'eau ; sur chaque face, un médaillon en réserve, d'un côté en forme de rouleau déployé et de l'autre en forme de feuille, tous deux décorés de paysages finement peints.

Haut. o.375. Diam. o.190.

355 — Pitong à fond rouge décoré de fleurs ornementales en or et portant en réserve sur chaque face un médaillon quadrilatéral à angles rentrants, contenant un paysage polychrome ; l'intérieur et le dessous sont émaillés en vert d'eau.

Cachet tracé en rouge, de la période de *Kien-Long*.

Haut. 0.115. Diam. 0.088.

356 — Petit pitong à quatre lobes, de forme légèrement aplatie, élevé sur quatre petits pieds, fond de rinceaux en bleu sous couverte et petites rosaces rouges ; sur chaque face, un médaillon ; d'un côté un paysage où des jeunes filles se livrent à l'exercice de l'équitation, surveillées par un personnage en robe jaune placé à la fenêtre d'une habitation ; de l'autre côté, des fleurs. — L'intérieur est émaillé en vert d'eau.

Haut. 0.08. Diam. 0.06.

357 — Pitong à fond émaillé rouge, sur lequel se détachent des tiges de fleurs ornementales. — L'intérieur est émaillé en vert d'eau.

Pied en bois de fer.

Haut. 0.133. Diam. 0.125.

358 — Petit pitong à fond émaillé bleu, sur lequel se détachent deux médaillons en hauteur décorés de fleurs, de granimées et d'oiseaux. — L'intérieur est émaillé en vert d'eau.

En dessous, cachet, tracé en rouge, à la date de
Kien-Long (1736-1796).

359 — Petit pitong quadrangulaire à angles rentrants,
fond rouge veiné de noir imitant le bois ; sur
chaque face, un médaillon en hauteur réservé en
creux et décoré de fleurs.

Pied en bois de fer.

Haut. 0.095. Diam. 0.058.

360 — Vase d'applique à corps ovoïde, piédouche et
col évasé flanqué de deux ailerons dorés ; double
paroi ; l'enveloppe extérieure est réticulée et composée de rinceaux émaillés verts chargés d'objets
sacrés en rouge ; sur la panse, médaillon lobé,
en réserve, montrant un personnage agenouillé
dans un intérieur ; sur le col, médaillon réservé,
en hauteur, décoré de fleurs.

Haut. 0.165. Diam. 0.085.

361 — Vase d'applique ovoïde à piédouche et à col
cylindrique flanqué de deux tubulures moins
élevées et adhérentes ; fond marbré ; sur la panse,
un grand médaillon en réserve contenant un pêcher en fleurs, entouré de pivoines, sur lequel est
perché un geai ; sur le col, autre médaillon plus
petit, contenant une branche fleurie.

En dessous, une date illisible.

Pied à béquille en bois de fer.

Haut. 0.200. Diam. 0.105.

362 — Petite caisse à fleurs quadrangulaire portée sur
quatre petits pieds émaillés en bleu ; sur chaque
face, un médaillon à encadrement de rinceaux bleu
et or et fleurons rouges ; deux sont décorés de personnages, dans l'un, la déesse des mers et sa suivante voguant sur les flots de la mer, debout sur
un tronc d'arbre ; dans l'autre, les mêmes personnages dans un paysage ; les deux autres médaillons
sont décorés de fleurs. L'intérieur est émaillé
vert d'eau.

En dessous, cachet à la date de *Kien-Long*, tracé
en rouge.

Haut. o.13o. Diam. o.o82.

363 — Glacière couverte, à bordure de fleurs en or,
décor émaillé de rochers fleuris et d'oiseaux. Sur
le sommet du couvercle, une fleur de vanille en
or.

Haut. o.15. Diam. o.13.

364 — Aiguière piriforme à col évasé et ouverture cylindrique, dont l'anse est formée par un dragon à
queue fourchue en bleu sous couverte ; couvercle
plat dont le bouton est formé par un petit dragon
rampant en bleu sous couverte ; fond émaillé lilas
filigrané de brun et semé de fleurettes en couleur ;
bordures vertes à dents de loup dorées ; sur chaque
face, un médaillon circulaire en réserve encadré

d'une bordure denticulée bleue et or et contenant
des fleurs aquatiques.

Haut. 0.295. Diam. 0.15c.

365 — Théière tripode à corps sphérique surbaissée,
couvercle bombé et manche latéral; le déservoir
est formé par un bouton de fleur de nélumbo;
décoré, au pourtour, de nélumbo surgissant au-dessus dans l'eau. — A l'ouverture et à la base, bordure fond rouge, décorée de fleurons d'or sur fond
blanc réservé. Sur le couvercle, des inscriptions
tracées en or.

En dessous, Nien-Hao à six caractères : *Kien-
Long* (1736-1796).

Haut. 0.14. Diam. 0.11.

366 — Théière sphérique décorée de branches de pêcher à fleurs émaillées en blanc ou dorées, se détachant sur un fond filigrané brun; au culot, bordure
de godrons émaillés en rouge d'or dégradé et simulant les pétales d'une fleur épanouie. Elle est
posée sur une soucoupe pareille.

Haut. 0.13. Diam. 0.105.

367 — Théière sphérique à couvercle surmonté d'un
bouton doré, à bordure mosaïque quadrillée rose à
trois réserves de rinceaux et fleurons dorés; fond
mosaïque clathré bleu turquoise entourant un
médaillon en forme de feuille à revers dorés et ac-

compagnée d'une fleur de pivoine de même : au centre, la déesse des mers tenant un sceptre et sa suivante portant un plat rempli de fruits, en encre de Chine à rehauts d'or. — Elle est posée sur un petit plateau hexagone portant le même décor.

Haut. 0.118. Diam. 0.100.

368 — Théière piriforme à couvercle bombé, décorée en relief de pampres à branchages bleus, feuilles vertes et fruits dorés ou rouges, parmi lesquels courent de petits loirs dorés.

Haut. 0.14. Diam. 0.10.

369 — Petite théière sphérique, fond noir émaillé, décorée de rosaces et de deux pêches de longévité émaillées en rose.

Haut. 0.c85. Diam. 0.070.

370 — Théière sphérique à décor émaillé de branches d'iris et de chrysanthèmes sur lesquelles volent des insectes et des papillons.

Haut. 0.11. Diam. 0.11.

371 — Pot piriforme à anse en S, portant au bord de l'ouverture une bordure de rinceaux noirs sur fond jaune, coupée de distance en distance par des branches fleuries émaillées en couleurs ; sur la face, médaillon octogone à bordure fond rouge, à rinceaux d'or, enguirlandée de branches fleuries et contenant

un vase de fleurs, des rouleaux et une liasse de livres.

Couvercle et monture européenne en argent.

Haut. 0.255. Diam. 0.160.

372 — Assiette du même service.

373 — Grand plat à bord doré et bordure rouge à rosace d'or ; sur le marli, quatre groupes de vases et objets sacrés ; sur la chute, bordure quadrillée rose, chargée de huit chrysanthèmes ornementales en rouge et or ; au centre, paysage aquatique ; au premier plan, à droite, une femme debout, au bord de l'eau, suivie d'un enfant ; à gauche, deux bateaux-habitations ; sur le premier, une femme et un vieillard ; sur l'autre, une femme et un enfant ; ru fond, des pêcheurs.

Diam. 0.49.

374 — Grand plat richement décoré : sur le marli, les flots de la mer portant les huit immortels monté sur des animaux chimériques et alternant avec des groupes de rochers ; sur la chute, bordure rose mosaïque à quatre réserves contenant des objets sacrés ; au fond, des canards nageant au milieu des plantes aquatiques.

Diam. 0.38.

375 — Grand plat creux à marli, décoré au pourtour d'une large bordure de rinceaux à fleurons et pendeloques ; au fond, médaillon circulaire, enca-

dré d'une bordure filigranée de brun à rosaces, et
contenant un rocher entouré de pivoines et chrysanthèmes.

Diam. o 43.

376 — Plat creux à marli, décoré de quatre branches
de fleurs et de fruits ; au fond, un rocher entouré de
de plantes fleuries, au-dessus desquelles volent deux
papillons.

Diam o.38.

377 — Plat creux campanulé, décoré en rouge et or,
avec rehauts de noir ; bordure gaufrée de médaill-
lons symétriques en forme de grenades et contenant des fleurs, alternant avec des tiges à fleurs
et feuilles ; au fond, un paysage aquatique où
l'on voit une embarcation chargée de personnages.

Diam. o.27.

378 — Plat à marli portant une bordure rose de mosaïque quadrillée, chargée de fleurs de pivoines et
de chrysanthèmes, interrompue par quatre réserves
lobées contenant des fleurs ; au centre, dans un
encadrement fleuronné rouge, un bouquet.

Diam. o 36.

379 — Plat à marli portant une bordure de mosaïque
pavée encre de Chine à quatre réserves lobées,
décorées de branches fleuries émaillées en couleurs;

au fond, un Fong-hoang perché sur un rocher entouré de pivoines; un papillon est posé sur une des
fleurs.

Diam. 0.28.

380 — Petit plat décoré sur le marli de six bouquets
jetés; au centre, la déesse Si-Wang, accompagnée
d'un enfant; elle tient dans la main le ling-tchy;
auprès d'elle un cerf tenant dans sa bouche une
pêche de longévité; au fond, un rocher d'où jaillis-
sent un pêcher en fleurs et des tiges de bambou.—
En dessous, un numéro gravé en creux indiquant que cette pièce provient du palais japonais
de Dresde.

Diam. 0.315.

381 — Un plat semblable plus grand.

Diam. 0.430.

382 — Petit plat creux à bordure de rinceaux et feuillages d'or; contre-bordure de rinceaux et fleurs
ornementales émaillés en couleurs à trois réserves
oblongues, contenant des fleurs; au centre, sur un
fond de mosaïque pavée encre de Chine, grand
médaillon à six dents, orné d'un rocher émaillé
en bleu, entouré de chrysanthèmes et de pivoines.
Le revers est émaillé en rouge d'or.

Diam. 0.265.

383 — Deux petits plats à bords lobés; au fond, un

bouquet de fleurs dans un médaillon circulaire
dont l'encadrement est formé par les pétales d'une
fleur de nélumbo rayonnant sur la chute et sur le
marli et se détachant sur un fond ponctué de brun
et décoré de fleurs variées.

Diam. 0.255.

384 — Grande assiette en porcelaine coquille d'œuf,
décorée sur le marli de quatre tiges de fleurs ; au
centre, une femme dans son intérieur, couchée sur
un lit de repos, au pied duquel trois enfants jouent
aux dames ; autour d'elle, des vases et une étagère
chargée d'un vase de fleurs et d'un brûle-parfums.
Le revers est émaillé en rouge d'or.

Diam. 0.24.

385 — Assiette creuse à marli décorée de quatre bouquets émaillés ; sur la chute, bordure arabesque à
quatre réserves contenant des objets sacrés ; au
fond, un homme et une femme debout près de
rochers où croissent des ling-tchy.

Diam. 0.205.

386 — Assiette creuse en porcelaine coquille d'œuf,
décorée en encre de Chine et or ; sur le marli,
trois groupes des fleurs et de fruits ; sur la chute,
bordure de rinceaux à fleurs et feuillages ; au
centre, un sujet représentant une école.

Diam. 0.21.

387 — Assiette décorée, sur le marli, de quatre bouquets ; décor plein : une femme assise dans un
fauteuil et allaitant son enfant ; un autre enfant et
une servante se tiennent derrière elle.

Diam. 0.222.

388 — Assiette à fond filigrané brun chargé d'un
grand médaillon formé par un rouleau déployé et
à revers rose quadrillé, représentant une femme
dans un jardin dont un jeune homme escalade la
muraille en s'aidant des branches d'un saule ; il
s'est préalablement débarrassé de ses bottes, qu'on
voit sur le sol ; au-dessus et au-dessous, un médaillon lobé contenant des objets symboliques.

Diam. 0.235.

389 — Assiette décorée sur le marli de trois bouquets
en encre de Chine à rehauts d'or ; sur la chute,
bordure de rinceaux d'or encadrant un médaillon
central : deux femmes assises à une table, au bord
d'un étang entourant une habitation, prennent
leur repas ; près d'elles, une servante tenant une
théière et accompagnée d'un enfant.

Diam. 0.225.

390 — Assiette décorée, sur le marli, de quatre bouquets ; sur la chute, bordure mosaïque pavée rose,
interrompue par quatre fleurons en or et émaux
bleu et vert ; au fond, des vases et objets sacrés.

Diam. 0.225.

391 — Assiette à bordure de rinceaux feuillus et rosaces en or, et contre-bordure de poissons nageant
parmi des herbes marines, entourant le médaillon
central occupé par un panier fleuri.

Diam. 0.23.

392 — Deux assiettes à marli à décor de broderie
émaillé en bleu et portant trois réserves en forme
de feuilles à revers rouge et ornés de branchages
à fleurs d'or et feuillages noirs ; au fond, grande
réserve de même forme, contenant un rocher
fleuri sur lequel est perché un oiseau ; sur la chute,
bordure de rinceaux à feuilles émaillés en bleu ; à
l'extrème bord, légère bordure de rinceaux émaillés
en carmin.

Diam. 0.225.

393 — Assiette décorée, sur le marli, d'une bordure
bleu pâle chargée de déchiquetures d'or entourant
un fond blanc de broderie ; sur la chute, bordure
de rinceaux et fleurs d'or ; au centre, une grande
rosace de broderie en émail blanc.

Diam. 0.23.

394 — Plateau hexagone élevé sur une base à six
pieds, décoré de grecques en relief et dont la
partie supérieure en retrait et émaillée en jaune
est percée à jour ; sur le plateau, fond émaillé bleu
à rinceaux blancs et fleurs ornementales rouges,
sur lequel se détache un grand médaillon lobé en

rosace, décoré de meubles, vase de fleurs et objets emblématiques.

Haut. 0.275. Diam. 0.260.

395 — Plateau hexagone à bord lobé, fond clathré d'or, sur lequel s'enlève, en réserve, un médaillon à contours découpés, à décor plein représentant la cour intérieure d'une habitation ; près d'une table portant des jardinières, un homme et une femme debout ; au fond, un pavillon où se trouve un enfant.

Diam. 0.135.

396 — Plateau décoré d'un sujet finement émaillé, une jeune femme assise dans un fauteuil près d'une table ; elle tient un pinceau et se dispose à écrire ; de l'autre côté de la table, une jeune fille debout et tenant un écran.

En dessous, Nien-Hao à six caractères à la date de *Young-Tching* (1723-1736).

Diam. 0.195.

397 — Autre plateau du même genre : trois femmes assises sur un tapis jouent aux échecs ; au fond, une table basse portant une théière et des tasses.

En dessous, les attributs des lettrés.

Diam. 0.195.

398 — Autre plateau du même genre, plus petit : près d'une table sur laquelle sont un vase de fleurs et

une coupe de fruits, deux jeunes femmes debout
regardent un combat de coqs ; au fond, un enfant
demi-vêtu, tenant un sceptre.

En dessous, Nien-Hao à six caractères à la date
de *Young-Tching* (1723-1736).

Diam. o.165.

399 — Plateau lobé à quatre pans, à fond entièrement
doré, sur lequel se détache un décor polychrome ;
au pourtour, les flots de la mer, sur lesquels
voguent des divinités entourées d'attributs ; au
centre, une carpe hissant des flots de la mer ; de
sa bouche s'élève une vapeur qui se développe en
un nuage portant une pagode. Le revers est
émaillé vert d'eau.

En dessous, un caché tracé en rouge indiquant
la date de *Kien-Long* (1736-1796).

Diam. o.22.

400 — Deux grandes soucoupes à bordure émaillée
verte à têtes de clous tracées en noir et palmettes
rouges, portant une série de médaillons en réserve
décorés alternativement de fleurs, fruits et papillons ; au centre, un pavillon rustique entouré
d'enfants jouant au bord d'un bassin où nagent
des canards ; au revers, bordure de lambrequins.

Diam. o.155.

401 — Grande soucoupe campanulée à revers émaillé
jaune orné de fleurs ornementales en couleurs et

quatre réserves circulaires contenant des caractères émaillés en bleu ; à l'intérieur, bordure de rinceaux verts à fleurs rouges au centre, grand médaillon occupé par une rosace composée de fleurs ornementales.

En dessous, cachet rouge à la date de ~~Kien~~ ~~Long.~~

Diam. 0.155.

402 — Grande soucoupe à six lobes en porcelaine mince : un homme tenant une branche de chrysanthème et accompagné de trois enfants ; il s'appuie sur l'un d'eux ; les deux autres portent, l'un un vase contenant une branche de chrysanthèmes l'autre un paquet enveloppé dans une étoffe verte, près de lui un chien.

Diam. 0.13.

403 — Coupe cylindrique à trois pieds, décor émaillé polychrome fond jaune vermiculé de vert, à quatre médaillons circulaires composés par des dragons enroulés, alternant avec des fleurs ornementale, portées sur des tiges à feuilles bleues ; à la base, bordure de faux godrons en bleu turquoise bordés de filets bleu foncé et portant des pendeloques en rouge.

Pied en bois de fer.

Haut. 0.09. Diam. 0.11.

404 — Bol hémisphérique à fond émaillé noir chargé

8

de branches de chrysanthème, à quatre réserves en forme de feuilles décorées alternativement de bouquets de pivoines et de fleurs de pêcher et d'un coq près d'un rocher fleuri ; à l'intérieur, un bouquet de pivoines et une bordure mosaïque lilas à six réserves de fleurs.

Pied à béquilles en bois de fer.

Haut. o.og5. Diam. o.225.

405 — Bol campanulé en porcelaine mince ; décor plein au pourtour : un jeune homme et une jeune femme dans la cour d'une habitation ; à une fenêtre, une femme assise ; par une ouverture circulaire de la muraille, on aperçoit un paysage ; à l'intérieur, bordure de rinceaux à feuilles en or ; au fond, une fleur de vanille en or.

Pied à béquille en bois sculpté.

Haut. o.ooo. Diam. o.ooo.

406 — Bol à bordure intérieure quadrillée à l'encre de Chine ; décor plein représentant une jeune femme assise dans un jardin ; près d'elle, à l'ombre d'un saule, deux enfants, dont l'un est armé d'une hallebarde.

Pied à béquille en bois de fer.

Diam. o.124.

407 — Bol campanulé, fond filigrané de brun chargé de branches de pêcher en fleurs, à deux médaillons

en réserve en forme de feuilles, contenant des
pivoines et des fleurettes.

Haut. 0.065. Diam. 0.145.

408 — Bol campanulé, fond émaillé rose à rinceaux
gravés décoré de fleurs ornementales ; quatre médaillons circulaires en réserve et contenant des
branchages fleuris ; l'intérieur est décoré en bleu
sous couvert de quatre bouquets entourant un médaillon central occupé par un paysage.
En dessous, cachet à la date de *Kien-Long*.

Haut. 0.060. Diam. 0.145.

409 — Bol analogue, fond amaranthe ; à l'intérieur,
quatre bouquets et médaillon central orné d'un
panier fleuri.
Même date.

Haut. 0.065. Diam. 0.150.

410 — Bol analogue, fond vert d'eau à médaillons
occupés par des paysages et des personnages ; à
l'intérieur, quatre groupes de nuages et médaillon
central contenant deux personnages, dont l'un
s'appuie sur un bœuf, entourés de nuages et d'oiseaux.
Même date.

Haut. 0.065. Diam. 0.145.

411 — Bol analogue, fond jaune à quatre médaillons
de fleurs ; à l'intérieur, quatre groupes de plantes ;

au fond, médaillon occupé par des branches fleuries.

Même date.

Haut. 0.065. Diam. 0.145.

412 — Bol hémisphérique à étroite bordure de rinceaux rouges ; fond gravé de bâtons rompus, blanc
sur vert, orné de quatre médaillons circulaires uni-
formément décorés ; un pâtre jouant de la flûte,
monté sur le dos d'un buffle doré, à l'ombre d'un
arbre chargé de grosses fleurs roses ; au fond, une
rose et des fleurettes.

Haut. 0.085. Diam. 0.185.

413 — Bol couvert décoré de branchages de bambous
et autres plantes avec parties ajourées rebouchées
à l'émail.

En dessous, cachet à la date de *Kien-Long*
(1736-1796).

Haut 0.075. Diam. 0.115.

414 — Compotier en porcelaine blanche décoré d'une
branche de pêcher en fleurs et d'églantines.

Diam. 0.20.

415 — Compotier à décor émaillé : une branche de
pêcher en fleurs entouré de pivoines et d'églantines
jaunes.

Diam. 0.21

416 — Compotier à décor plein émaillé polychrome :
une branche d'arbre, chargée de feuilles et de
fleurs ornementales variées de couleurs, et sur
laquelle est assis un personnage tenant à la main
une sorte de sceptre terminé par une demi-rosace
à grands rayons.

Diam. 0.21.

417 — Deux compotiers en porcelaine mince, décoré
en plein d'un paysage rocheux où l'on voit un
homme debout tenant à la main un champignon
de longévité (lyng-chy), et deux enfants dont
l'un porte un ballot et l'autre une gourde.

Diam. 0.205.

418 — Compotier à bord évasé à bordure rose quadrillée et à portant des demi-rosaces jaunes ; fond
filigrané brun chargé de branchages de pêcher à
fleurs émaillés en blanc ; sur ce fond, se détache
un médaillon en forme de feuille à revers brun nervé
d'or, décoré d'une branche de pivoines et de fleurettes.

Diam. 0.21.

419 — Compotier décoré en plein de tiges fleuries de
nélumbo sortant de l'eau, au pied desquelles nagent
deux canards à plumage rose, jaune et vert,
rehaussé d'or.

Diam. 0.21.

420 — Un autre semblable, plus petit.

Diam. 0.19.

421 — Compotier à bord découpé à jour et délimité par une double bordure en bleu sans couverte; toute la découpure est émaillée en jaune à taches brunes; au centre, un panier fleuri en couleurs et or.

Diam. 0.215.

422 — Deux compotiers à bord brun, décorés en plein d'un groupe de pivoines, chrysanthèmes et roses.

En dessous, un chiffre gravé en creux indiquant la provenance du palais japonais de Dresde.

Diam. 0.22.

423 — Tasse gobelet ovoïde à décor imitant l'émail cloisonné : fond vert d'eau orné de fleurs orne- mentales alternant avec le caractère *Longévité*. — L'intérieur est émaillé vert d'eau; en dessous, cachet en or à la date de *Kien-Long* (1736-1796).

Haut. 0.065. Diam. 0.80

424 — Tasse-gobelet campanulée à fond émaillé rouge d'or portant une feuille de nélumbo et un cédrat, main de Fô émaillés en couleurs et chargés de fleurettes et de papillons.

425 — Tasse et soucoupe décorées en plein d'un paysage ; au fond, une habitation ; au premier plan, une femme en robe bleue émaillée et tenant un éventail, accompagnée d'un homme tenant d'une main un sabre nu et de l'autre une lanterne ; ils s'approchent d'un guerrier assis au pied d'un rocher et qui semble dormir.

Haut. de la tasse o.o38. Diam. de la soucoupe o.115.

426 — Tasse et soucoupe à bordure d'or quadrillée à trois réserves de rinceaux et fleurons ; fond de mosaïque pavée noir entourant un grand médaillon à bords largement découpés et bordés d'un double filet noir et or ; au centre un bouquet de fleurs et des papillons en or relevé de noir.

Haut. de la tasse o.o36. Diam. de la soucoupe o.114.

427 — Tasse et soucoupe à fond de broderie de rinceaux en émail blanc, orné de médaillons oblongs encadré de rinceaux dorés et contenant des paysages en camaïeu rose, alternant avec d'autres médaillons plus petits, ovales et ornés de fleurs en rouge de fer.

Haut. de la tasse o.o38. Diam. de la soucoupe o.120.

428 — Tasse et soucoupe décorées en noir et or avec rehauts de rouge ; bordure et fond de rinceaux fleuri ; au centre, grand médaillon en forme de feuille représentant un guerrier considérant une jeune

femme à sa toilette, que l'on aperçoit par une ouverture circulaire de son habitation.

Haut. de la tasse 0.o35. Diam. de la soucoupe 0.115.

429 — Tasse conique et soucoupe décorées de trois
éventails ouverts, posés symétriquement; les feuilles sont ornées de fleurs sur fond d'or et la monture, émaillée en jaune, s'appuie sur un fond de
mosaïque pavée rose au milieu duquel est un
médaillon circulaire en réserve, occupé par un
coq.

Haut. de la tasse 0.o35. Diam. de la soucoupe 0.110.

430 — Tasse et soucoupe décorées extérieurement
d'un fond émaillé noir portant, en réserve, des
branchages fleuris, dorés avec quelques rehauts de
rouge.

Haut. de la tasse 0.o35. Diam. de la soucoupe 0.105.

431 — Tasse et soucoupe à huit pans, décorées alternativement d'un bouquet de fleurs et d'un fond
filigrané brun sur lequel se détachent des rinceaux
à fleuron émaillé jaune dans l'un, et bleu dans
l'autre. Au fond, dans un encadrement dentelé
rose, une branche de roses et des fleurettes.

Haut. de la tasse 0.o35. Diam. de la soucoupe 0.110.

432 — Tasse hémisphérique et soucoupe fond d'or
clathré à trois réserves contenant des fleurs orne-

mentales émaillées en couleurs ; au bord, bordure
verte quadrillée à trois réserves de rinceaux à
fleuron central ; au fond, un panier fleuri, dans un
encadrement de rinceaux dorés et fleurons roses ;
au bord intérieur de la tasse, bordure rose quadrillée.

Haut. de la tasse 0.o38. Diam. de la soucoupe o.112.

433 — Tasse et soucoupe analogues, un peu plus grandes ; la tasse n'a pas de bordure extérieure et la
bordure intérieure est verte.

Haut. de la tasse 0.o38. Diam. de la soucoupe 0.120.

434 — Tasse et soucoupe hexagone, fond émaillé vert
clathré de brun, sur lequel se détachent des branches de pivoine et de pêcher ; au centre, dans une
bordure fleuronnée décorée, un bouquet de pivoines.

Haut. de la tasse 0.o4. Diam. de la soucoupe o.11.

435 — Tasse conique évasée et soucoupe à bordure
d'argent quadrilléee de noir à trois réserves contenant des rinceaux d'or ; au centre, un faisan à
plumage d'argent et aigrette et bec d'or, perché
sur une branche de magnolia en fleur argentée avec
rehauts d'or, auprès d'un groupe de pivoines en
or.

Haut. de la tasse 0.o35. Diam. de la soucoupe o.116.

436 — Tasse companulée et soucoupe à bordure de feuillages et fleurs en or et argent et contre-bordure émaillée, à rinceaux et fleurs polychromes, encadrant un fond mosaïque pavé noir sur lequel se détache en réserve un médaillon lobé à six dents contenant un rocher émaillé en bleu et entouré de de roses et chrysanthèmes.

Haut. de la tasse 0.04. Diam. de la soucoupe 0.115.

437 — Tasse légèrement companulée et soucoupe à bords festonnés, fonds partiels mosaïques clathrés alternativement vert et bleu turquoise portant des fleurs roses émaillées, encadrant un médaillon en étoile à six dents divisées par des filets dorés et contenant des bouquets de fleurs ; au centre de la soucoupe et au fond de la tasse, un cédrat main de Fô, en or.

Haut. de la tasse 0.038. Diam. de la soucoupe 0.115.

438 — Tasse campanulée et soucoupe à bordure étroite mosaïque, alternativement bleu et rose à quatre réserves de fleurs, fond filigrané brun sur lequel courent des tiges de fleurs émaillées en couleur; au centre de la soucoupe, une fleur rose émaillée formant rosace, encadrée d'une bordure de rinceaux à fleurs de pivoines roses sur fond vert d'eau ; cette bordure est répétée au culot de la tasse.

Haut. de la tasse 0.042. Diam. de la soucoupe 0.132.

439 — Tasse cylindro-ovoïde à anse et soucoupe, bordure quadrillée vert clair à quatre réserves de fleurs; sujet famillier : une jeune femme, assise près d'une table et tenant un écran, tourne la tête vers un enfant debout près d'elle et tenant un sceptre ; de chaque côté de la table, des vases, dont l'un contient des fleurs.

Haut. de la tasse 0.060. Diam. de la soucoupe 0.115.

440 — Tasse cylindro-ovoïde à anse et soucoupe, bordure à fond de rinceaux pourpre et festons dorés ; au centre, sur un fond mosaïque pavé encre de Chine, un médaillon à bords découpés, finement décorés de tiges de roses et de chrysanthèmes sur lesquelles sont perchés deux oiseaux.

Haut. de la tasse 0.058. Diam. de la soucoupe 0.115.

441 — Tasse campanulée et soucoupe à bords lobés et évasés, décorées de lambrequins et bordures ornementales à fond pailleté à rehauts d'or et surdécoration de fleurettes émaillées en couleurs; au centre de la soucoupe, une rosace gaufrée dont le centre est formé par une chrysanthème ornementale en bleu et or.

Haut. de la tasse 0.047. Diam. de la soucoupe 0.160.

442 — Tasse à anse légèrement campanulée et soucoupe à bordures mosaïques en bleu sous couverte; au centre, dans un encadrement de rinceaux,

dorés, un écu ovale : d'or à un écureuil au naturel ; au-dessus, une couronne de marquis.

Haut. de la tasse 0.075. Diam. de la soucoupe 0.135.

443 — Deux grandes tasses à anses et soucoupes, à
fond filigrané brun chargé de fleurs émaillées en
couleurs, formant lambrequin autour d'un bouquet de fleurs ornementales qui occupe le centre.

Haut, de la tasse 0.075. Diam. de la soucoupe 0.135.

444 — Grande tasse à anse et soucoupe à bord brun,
décorées de quatre bouquets de pivoines et autres
fleurs ; étroite bordure mosaïque quadrillée rose à
quatre réserves occupées par une demi-pivoine en
or.

Haut. de la tasse 0.075. Diam. de la soucoupe 0.132,

445 — Tasse à anse et soucoupe à bordure de feuillages et rinceaux dorés, tracés en noir; au centre,
quatre poissons parmi des algues et des fleurettes
semées.

Haut. de la tasse 0.063. Diam. de la soucoupe 0.115.

446 — Tasse à bordure jaune quadrillée de noir; fond
de mosaïque rose pavée; au culot, fond partiel clathré bleu turquoise à grands dents remontant le
long de la tasse et terminées par des fleurons dorés
à l'intérieur, bordure vert pâle quadrillée de noir;
au fond, un panier fleuri et une coupe de fruits.

Haut. 0.038. Diam. 0.008.

447 — Plaque en forme de gourde à nœud d'étoffe vert d'eau ; le fond de la gourde est à bâtons rompus rouge et or sur lesquels se détachent des chauves-souris émaillées en bleu et deux médaillons circulaires réservés en blanc et renfermant ces deux caractères : *Ta Tsie* (grande félicité).

Haut. 0.34. Diam. 0.?0.

448 — Plaque décorative d'applique figurant une bouteille à corps sphérique, piédouche et col cylindrique décoré d'un dragon rouge et or, volant au milieu des nuages au-dessus des flots de la mer ; sur le piédouche, des lambrequins roses bordés de bleu.

Haut. 0.32. Diam. 0.16.

449 — Une tomate peinte aux couleurs naturelles.

Diam. 0.095.

450 — Tomate émaillée au naturel et pourvue de feuillages.

Diam. 0.12.

451 — Vase à panse évasée, gorge conique et pied élargi. Décor finement peint de branches fleuries et d'inscriptions.

Haut. 0.13. Diam. 0.09.

452 — Vase turbiné à petit col décoré de grues volant au-dessus des flots de la mer.

Haut. 0.21. Diam. 0.10.

453 — Vase de même forme décoré de tiges de pêchers fleuris, sur lesquelles est perché un perroquet.

Haut. 0.26. Diam. 0.15.

454 — Deux vases lancelles à ouverture évasée, décorés en plein de feuilles vertes symétriques et de fleurs émaillées en carmin.

L'intérieur est émaillé vert uni.

Haut. 0.24. Diam. 0.1'.

455 — Vase turbiné à petite ouverture, décoré de branchages fleuris polychromes; à la base, large bordure de faux godrons à fond jaune.

Haut. 0.37. Diam. 0.17.

456 — Petite bouteille ovoïde à piédouche et col mince à ouverture évasée; fond rose émaillé, décoré en couleurs d'une femme à cheval sur un chien de Fô. L'intérieur du col est émaillé en vert.

En dessous, cachet en noir à la date de *Kien Long*.

Haut. 0.12. Diam. 0.06.

457 — Six tasses campanulées et soucoupes à fond émaillé groseille, décorées en réserve d'un médaillon en forme de rouleau portant un paysage polychrome; de l'autre côté, une branche de pêcher.

Diam. de la tasse 0.06. Diam. de la soucoupe 0.125.

458 — Deux flambeaux à tiges en forme de balustre et pieds circulaire ; fond rose vermiculé, chargé d'un semé de fleurs émaillées en couleur, et encadré d'une bordure quadrillée émaillée en vert ; sur les divers renflements de la tige, bordures variées.

Haut. 0.16. Diam. 0.10.

459 — Pitong à quatre pans, et quatre petits pieds à angles rentrants ; sur chaque face, un médaillon rectangulaire contenant sur deux côtés des paysages à personnages en couleurs, sur les deux autres, des inscriptions ; encadrements formant saillie et décorés de rinceaux et rosaces dorés ; l'intérieur et le dessous sont émaillés en vert.

Cachet en rouge à la date de *Kien-Long*.

Haut. 0.12. Diam. 0.08.

460 — Petite bouteille ovoïde à col cylindrique, décorée en rouge et or d'une branche de pêcher.

Haut. 0.12. Diam. 0.65.

461 — Bourdaloue à bordure mosaïque pavée, émaillée en vert et coupée par des groupes d'ornements ; en dessous, un groupe de vases et de meubles ; sur chaque côté, une branche de fleurs.

Long. 0.21.

462 — Lanterne ovoïde à six pans et parois ajourées à réseaux variés, portant au centre un médaillon

circulaire réservé et décoré alternativement d'un paysage, d'un groupe de vases et de fleurs.

Haut. 0.27. Diam. 0.22.

463 — Coupe hémisphérique à quatre lobes, bord plat et quatre pieds festonnés, décorée de grecques, de rinceaux et fleurs ornementales polychromes se détachant sur un fond d'or; l'intérieur est émaillé en vert.

Époque de Kien-Long.

Haut. 0.10. Diam. 0.23.

464 — Coq polychrome perché sur un rocher.

Haut. 0.22. Long. o 10

465 — Tasse et soucoupe en forme de fleurs de nélumbo, supportées par leurs tiges pourvues de feuillages et de boutons en ronde bosse; au fond de la tasse, une tige de nélumbo. *restauré*

Haut. de la tasse 0.15. Diam. de la soucoupe 0.105.

466 — Gobelet en forme de fleur de nélumbo aux couleurs naturelles, supporté par trois pieds formés par des tiges portant des boutons; l'intérieur est émaillé en vert.

Haut. 0.06. Diam. 0.07.

PORCELAINE DITE A MANDARINS

467 — Urne ovoïde à col cylindrique en porcelaine mince; fond filigrané d'or, décoré, sur chaque face, de deux grands médaillons en réserve, encadrés de rinceaux et dragons ornemanisés en or, représentant des femmes et des enfants sur la terrasse d'une riche habitation placée au bord d'une rivière; sur les côtés et à l'entour, d'autres médaillons plus petits renfermant des paysages, des oiseaux et des fleurs; sur le col, quatre médaillons décorés en rouge de fer de paysages de style et à personnages européens.

Pied en bois de fer.

Haut. o.3o. Diam. o.19.

468 — Urne ovoïde à col cylindro-conique, décorée au pourtour, en plein, d'un paysage montueux, où des personnages se promènent sous des ombrages et au bord d'une cascade; sous un grand parasol rustique, des serviteurs préparent un repas; sur le col, fond filigrané d'or et médaillons encadrés d'entrelacs à fleurons formant lambrequins, et contenant alternativement un paysage en camaïeu lilas et un bouquet de fleurs; à la base et autour de l'ouverture, bordure grecque en noir et or.

Pied en bois de fer.

Haut. o.3o. Diam. o.18.

9

469 — Vase ovoïde à col conique à fond de mosaïque
pavée rouge et noir; sur chaque face, un grand
médaillon ovale en hauteur encadré d'une branche
de bambou dorée, et contenant une scène familière;
sur les côtés, deux médaillons plus petits encadrés
de rinceaux dorés et contenant des oiseaux; au
bord de l'ouverture, bordure de grecques noires
sur fond d'or.

Monture à deux anses en bronze doré.

Haut. totale o.32. Diam. o.14.

470 — Deux vases tubulaires, entourés à la partie
supérieure de deux dragons à queue fourchue, en
relief et dorés; fond de rinceaux fleuris en or sur
lequel se détache, sur chaque face, un médaillon
ovale en hauteur encadré de dragons ornemanisés,
et contenant une scène familière; entre ces médaillons, d'autres plus petits, variés de forme et
contenant des paysages et des animaux.

Haut. o.26. Diam. o.o8.

471 — Bouteille à corps sphérique et col cylindrique
renflé à sa partie supérieure; fond gros bleu marbré,
décoré de branches en rouge et brun à rehauts
d'or, portant des fruits, grenades, cédrat main de
Fô, etc., réservés en blanc, formant des médaillons
ornés de fleurs polychromes; sur chaque face, un
grand médaillon lobé contenant une scène fami-

lière; sur le renflement, bordure mosaïque en bleu sous couverte.

Haut. 0.215. Diam. 0.125.

472 — Bol hémisphérique, fond filigrané d'or à deux médaillons oblongs occupés par des personnages; entre eux, deux autres médaillons en hauteur à encadrement de rinceaux contenant des paysages en camaïeu rose, et accompagnés de quatre autres plus petits décorés encre de Chine de ling-tchy et autres plantes.

Haut. 0.060. Diam. 0.136.

473 — Grand gobelet cylindro-ovoïde à anse, sur piédouche; fond de fleurs et papillons en blanc d'engobe; sur la face, un médaillon lobé contenant des personnages hiératiques; de chaque côté, deux petits médaillons lobés superposés et décorés de paysages et d'oiseaux; à la base et à l'ouverture, bordure en bleu sous couverte.

Haut. 0.130. Diam. 0.095.

474 — Grande tasse hémisphérique et soucoupe, à bordure ocellée rouge et noir; fond d'or quadrillé chargé de médaillons contenant alternativement des oiseaux sur des branchages et des fleurs en camaïeu rose; au fond, une scène familière.

Haut. de la tasse 0.055. Diam. de la soucoupe 0.153.

475 — Tasse campanulée et soucoupe à bords lobés, à

bordure de demi-fleurons en réserve sur fond
uni en bleu sous couverte. Médaillons à bords
festonnés encadrés d'un filet doré en saillie, et contenant des femmes et des enfants; autour, des bouquets émaillés en couleurs alternant avec d'autres
en bleu sous couverte rehaussé d'or.

Haut. de la tasse 0.038. Diam. de la soucoupe 0.115

476 — Tasse hémisphérique et soucoupe, fond mosaïque pavé noir à bordure d'or formée par des
dragons ornemanisés encadrant quatre réserves
ornées d'oiseaux et reliant quatre petits médaillons circulaires de paysages en camaïeu rose ; au
centre, une scène familière : devant une habitation,
sur une terrasse bordée d'une balustrade , une
jeune femme assise développe une feuille de papier
sur laquelle on aperçoit des caractères; un enfant
placé devant elle appuie ses mains sur ses genoux ;
derrière elle, un jeune homme debout semble lire
par-dessus son épaule; près d'eux une servante
tient un plateau chargé de rafraîchissements; dans
le fond, une rivière bordée de maisons.

Haut. de la tasse 0.04. Diam. de la soucoupe 0.12.

477 — Tasse cylindro-ovoïde à anse et soucoupe, à
bordure de feuillages et fond filigrané d'or bordé
de fonds partiels quadrillés en rouge de fer et
de quatre médaillons ovales décorés de fleurs
en camaïeu rose ; au centre, un intérieur : quatre

personnages assis à une table prennent le thé et
fument l'opium, servis par deux enfants dont l'un
porte une théière d'or; près d'eux, un petit chien;
dans le fond, des meubles et des vases.

Haut. de la tasse 0.065. Diam. de la soucoupe 0.115.

478 — Tasse cylindro-ovoïde à anse et soucoupe; fond
filigrané d'or à bords découpés composés de dragons ornemanisés et petits médaillons en réserve,
quatre lobés à paysages en camaïeu rose et quatre
autres ovales décorés de plantes en encre de Chine;
au centre, une dame étendue sur un tapis, tendant
une tasse à un serviteur agenouillé qui lui verse
du thé; derrière elle, une suivante debout et tenant
un chasse-mouche.

Haut. de la tasse 0.055. Diam. de la soucoupe 0.115.

479 — Tasse cylindro-ovoïde à anse et soucoupe; fond
filigrané d'or à quatre réserves oblongues lobées
de paysages en camaïeu rose, et quatre autres circulaires ornées de tiges de bambou en noir, encadrant un médaillon circulaire représentant un
intérieur : un jeune homme et une jeune femme
prennent le thé assis à une table; près d'eux, une
servante tenant une théière, un enfant et un petit
chien; dans le fond, des vases et des meubles.

Haut. de a tasse 0.060. Diam. de la soucoupe 0,115.

480 — Tasse à anse et soucoupe fond rouge de fer à

rinceaux fleuris en or ; deux médaillons en forme
de feuilles à revers gris, nervures noires occupées
par des branchages portant un oiseau, et deux
autres médaillons alternant décorés de paysages en
camaïeu rose ; au centre, un paysage aquatique.

Haut. de la tasse 0.064. Diam. de la soucoupe 0.120.

481 — Deux boîtes en forme de sabots, bordures ocel-
lées en bleu sous couverte ; décor émaillé de bou-
bouquets semés ; sur le dessus, un médaillon oblong
lobé contenant deux femmes regardant un combat
de coqs (Cᵉ des Indes).

Long. 0.17.

482 — Deux bols fond vermiculé d'or à médaillons en
réserves contenant des sujets familiers.

Diam. 0.17.

483 — Petit bol campanulé couvert, fond de rinceaux
fleuris en or et médaillons contenant des scène
familières.

Diam. 0.12.

484 — Quatre petits plats creux à bords lobés. Bordure
de fleurs sur fond vermiculé d'or avec médaillon
en réserve contenant des fleurs et des oiseaux ; au
centre, grand médaillon circulaire entouré d'une
bordure fleuronnée et contenant une scène d'acro-
bates en présence de divers personnages placés sur
un balcon.

Diam. 0.25.

FONDS DORÉS ET ARGENTÉS

485 — Petit bol subconique entièrement doré; en dessous, Nien-Hao à six caractères : *Tching-Hoa* (1465 1488).

Pied en bois de fer.

Haut. 0.055. Diam. 0.090.

486 — Bol campanulé couvert, entièrement doré à décor de feuillages formant un léger relief et médaillons réservés en forme de grenades.

En dessous et sur la partie supérieure du couvercle, inscription de quatre caractères.

Pied élevé en bois de fer très finement sculpté.

Haut. 0.100. Diam. 0.175.

487 — Petit bol couvert de forme sphéroïdale décoré en bleu sous couverte de branchages fleuris se détachant sur un fond argenté.

Haut. 0.070. Diam. 0.085.

488 — Tasse-gobelet cylindro-ovoïde et soucoupe fond argenté à quadrillés et bâtons rompus, portant des médaillons à personnages tracés en or; bordure de chrysanthèmes en émaux de la famille verte sur fond d'or.

Haut. de la tasse 0.068. Diam. de la soucoupe 0.102.

PORCELAINE IMITANT L'ÉMAIL

CLOISONNÉ ET LE BRONZE

489 — Petite urne quadrangulaire à piédouche, fond émaillé vert d'eau, décoré de reliefs dorés consistant en bordures de grecques et dents de loup ; sur chaque face l'emblème des forces de la nature accompagné de deux des *Koua* de *Foui* ; sur chaque angle, à l'épaulement, une arête saillante dorée et repercée à jour figurant un dragon ornemanisé.

En dessous, un cachet gravé indiquant la date de *Kien-Long* (1736-1796).

Haut. 0.116. Diam. 0.060.

490 — Gobelet ovoïde à décor imitant l'émail cloisonné, fond vert d'eau à rinceaux et fleurs ornementales alternant avec le caractère *Longévité* quatre fois répété.

En dessous, cachet doré à la date de *Kien-Long* (1736-1796).

Haut. 0.07. Diam. 0.08.

491 — Deux bouteilles trilobées à piédouche et long col s'évasant légèrement à l'ouverture. Couverte imitant le bronze et décorée de fleurettes sur fond vermiculé en or ; autour du col, s'enroule une branche de grenadier chargée de fleurs et de fruits en relief et aux couleurs naturelles.

En dessous, cachet en creux à la date de *Kien-Long* (1736-1796).

Haut. 0.210. Diam. 0.105.

492 — Petite boîte oblongue à six pans, fond bleu sous couverte décoré en réserve de branchages de pin, bambou et pêcher en fleurs; à la base de l'un des côtés, inscription horizontale de six caractères : Nien-Hao de *Tching-Hoâ* (1465-1488). Le dessus plat du couvercle porte une décoration en émail cloisonné fond vert foncé sur lequel s'enlève une grue blanche au milieu de nuages en rouge, violet et vert.

Long. 0.06.

493 — Petite potiche à ouverture étroite à décor imitant l'émail cloisonné et composé de fleurs et feuillages symétriques émaillés bleu et vert sur fond jaune mat.

Haut. 0.11. Diam. 0.09.

PORCELAINES LAQUÉES

ET IMITANT LE LAQUE

494 — Plateau à bords relevés et dorés affectant la forme d'une courge; fond noir laqué décoré en réserve et en relief d'une tige de courge portant un

fruit et des feuilles peints aux couleurs naturelles et une chauve-souris en rouge.

Long. 0.190. Larg. 0.135.

495 — Tasse et soucoupe hexagones campanulées revêtues extérieurement de laque burgauté décoré de paysages avec fabriques; à l'intérieur, un paysage grossièrement peint.

Haut. de la tasse 0.042. Diam. de la soucoupe 0.115.

496 — Deux bols évasés en porcelaine émaillée imitant le laque rouge; décor gaufré; fond de bâtons rompus portant, quatre fois répété, dans des médaillons circulaires, le caractère *Bonheur*; bordure de grecques; l'intérieur est émaillé en vert d'eau.

Haut. 0.050. Diam. 0.115.

497 — Tasse campanulée revêtue extérieurement de laque rouge gravé et ciselé à décor de fleurs et fruits en relief sur fond quadrillé et bordure grecque.

Pied en bois de fer.

Haut. 0.048. Diam. 0.082.

498 — Boîte hexagone à décor gravé et ciselé peint en rouge avec rehauts d'or imitant le laque. L'intérieur est émaillé en vert d'eau.

En dessous, un cachet tracé en rouge à la date de *Kien-Long* (1736-1796).

Diam. 0.16.

PORCELAINES SURDÉCORÉES

EN EUROPE

499 — Petit bol campanulé en fine porcelaine décorée en bleu de rinceaux et fleurons et portant en dessous la date de *Tching-Hoâ* (1465-1488)..

Cette pièce a été surdécorée en Europe. Elle porte une élégante ornementation de fleurons, cariatides, mascarons et draperies dans le style de Bérain en or formant relief. La perfection d'exécution de ce décor pourrait faire supposer qu'il a été exécuté à Sèvres.

Haut. 0.048. Diam. 0.88.

500 — Bol hémisphérique à fond de céladon fleuri et bordures en bleu sous couverte; surdécoration exécutée en Angleterre : des branches de rosiers sur lesquelles sont perchés des perroquets en émaux formant une espèce de mosaïque; à l'intérieur, décor analogue; au fond, une rosace.

Haut. 0.062. Diam. 0.140.

501 — Grande soucoupe à revers décoré en bleu sous couverte de fleurs ornementales et bordures; l'intérieur a reçu en Angleterre une décoration émaillée polychrome de style archaïque dit décor à la haie.

Diam. 0.155.

TERRE ÉMAILLÉE

502 — Chien de Fô assis, la tête tournée à gauche et surmontée d'une corne; couverte marbrée de gris et de bleu tournant au vert dans certaines parties.

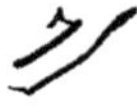

Haut. 0.23.

503 — Fourneau de pipe à opium en terre émaillée, fond blanc décoré en couleurs de feuillages et de bordures gravées de grecques.

Diam. 0.06.

504 — Récipient de pipe à opium à fond émaillé rose, mosaïque et petites bordures vertes à grecques et godrons; sur la partie inférieure, le fond rose est chargé de fleurettes roses et bleues à feuillages symétriques.

Diam. 0.06.

505 — Coupe formée de deux segments de bambou inégaux de diamètre et de hauteur. Grès à couverte céladonnée verdâtre pointillée de jaune.

Haut. 0.13. Diam. 0.18.

PORCELAINES DU JAPON

FIZEN

5o6 — Corbeille à fruits à bordure ajourée composée d'anneaux entrecroisés et décorés de guirlandes laurées ; au fond, sous une draperie relevée par des cordons à glands, des faisans perchés sur des rochers entourés de végétation ; décor bleu, rouge et or.

En dessous, un chiffre gravé en creux indiquant la provenance du palais japonais de Dresde.

Diam 0.24.

5o7 — Plat creux à bord évasé et relevé, décor bleu rouge et or ; bordure de rinceaux fleuris, contre-bordure divisée en quatre compartiments occupés alternativement par des tiges de pêcher en fleurs et par des chrysanthèmes ; au centre, un vase de fleurs entre deux balustrades.

Diam. 0.3o5.

5o8 — Trois compotiers à bord doré et lobé ; bordure divisée en compartiments rayonnants, décorés de fonds mosaïques variés alternant avec des bouquets ; sept chrysanthèmes armoriales sont jetées irrégu-

lièrement sur cette bordure ; au fond une branche
d'aubépine formant couronne.

En dessous, Nien-Hao à six caractères.

Diam. 0.24.

509 — Plat à bordure quadrillée chargée de rosaces ;
décor occupant tout le fond et une partie du marli :
un rouleau développé représentant la cour intérieure d'une habitation ; autour, quatre bouquets.

Diam. 0.033.

510 — Plat à bords lobés portant, sur le marli, une
bordure fond gros bleu décorée en rouge et or de
fleurs et de Fong-hoangs ; sur la chute, des groupes
d'oiseaux alternant avec quatre bouquets ; au centre, un panier fleuri ; au revers, bordure bleue à
réserves de fleurs enguirlandée de branches
fleuries ; en dessous, deux branches de fleurs.

Diam. 034.

511 — Plateau composé de deux parties rectangu-
laires inégalement juxtaposées, l'une fond bleu,
décorée d'une chute d'eau au bas de laquelle
émergent deux espèces de roues ; l'autre, fond blanc,
décorée de graminées.

Long. 0.135. Larg. 0.100.

512 — Plateau à bords campanulés, décoré de fonds
partiels irréguliers ; le plus grand est noir et porte

en réserve des branches de pêcher en fleurs, rouge
et or. Au revers, des branches fleuries.

Diam. 025.

513 — Plateau à contours irréguliers décoré en plein
d'une femme japonaise à riches vêtements, dans
l'attitude de l'adoration ; fond gros bleu à rinceaux
d'or portant des fleurs de pêcher en réserve; au
revers, trois bouquets.

En dessous, les cinq points.

Long. 0.28.

514 — Bol hémisphérique décoré en bleu, rouge et or
de fonds partiels entremêlés de bouquets de
pivoines et de chrysanthèmes; dans deux médaillons circulaires, un Fong-hoang armorial; à l'intérieur, trois bouquets de pivoines et de chrysanthèmes; au fond, médaillon circulaire fond rose
orné de branches de pêcher en réserve; dans une
partie réservée de forme irrégulière, un Fong-
hoang.

Haut. 0.062. Diam. 0.138.

515 — Plat creux à bord dentelé décoré en bleu sous
couverte et en émaux de la famille verte; au centre
médaillon circulaire, décoré de bambous en bleu;
autour, trois médaillons lobés contenant des
animaux en or sur fond rouge, reliés par des
branches de pins; au bord, bordure quadrillée en
bleu.

En dessous, marque à quatre caractères.

Diam. 0.31.

516 — Gobelet campanulé décoré en bleu, rouge et or de tiges fleuries ; chaque pétale est percé à jour et rebouché à l'émail.

Haut. 0.07. Diam. 0.07.

IMARI

517 — Deux petits vases subconiques, à huit pans, à bord évasé et relevé ; sur chaque pan, alternivement, une tige de bambou, d'aubépine et de pin ; bordure intérieure de rinceaux, feuilles et rosaces ; au fond, une rosace .

En dessous, un cachet.

Haut. 0.075. Diam. 0.100.

5.18 — Trois bouteilles piriformes à col étroit allongé ; décor de branchages fleuris sur lesquels sont jetés irrégulièrement des médaillons circulaires contenant des armoiries japonaises, et des fonds partiels variés.

Elles sont pourvues de petits bouchons en bois et ont le pied engagé dans un plateau triangulaire à bords découpés en bois laqué et surmonté d'une anse en bronze à trois tiges et anneau de suspension supérieur.

Haut. 0.22. Diam. 0.10;

519 — Petit bol ovoïde côtelé à bord dentelé décoré
de trois médaillons cirulaires ornés de personnages en réserve sur fond rouge foncé, alternant
avec trois fleurons ornemanisés.

Haut. o.o55. Diam. o.o85.

52o — Théière composée d'un personnage en robe
bleue portant un sac émaillé jaune et brun noué
par un cordon blanc à glands bleus.

Haut. o.14. Diam. o.18.

KAGA

521 — Vase cylindrique légèrement renflé à fond de
bâtons rompus dorés en relief, portant sur chaque
face un grand médaillon lobé, représentant des
personnages sacrés et des sages s'entretenant à
l'ombre de pins et de bambous; couvercle légèrement bombée à fond de bâtons rompus comme le
corps du vase; sur l'épaulement et encadrant le
couvercle, bordure festonnée formant saillie et
décorée de rinceaux dorés à fleurs sur fond rouge;
au culot bordure de faux godrons.

Pied en bois de fer sculpté.

Haut. o.2o. Diam. o.15.

522 — Plat creux décoré, au pourtour intérieur, de
nombreux personnages sur fond d'or; au centre,

sur un fond rouge à rinceaux d'or, un médaillon
circulaire en réserve représentant une audience
impériale; au revers, bordure fond rouge à rinceaux d'or et quatre réserves lobées contenant
des personnages; en dessous, un cartouche en
hauteur contenant une inscription en or sur fond
rouge; autour, les branches d'un pêcher en fleurs.

Diam. 0.36.

523 — Plat analogue au précédent; le médaillon central est à bords festonnés et occupé par un personnage harponnant un poisson monstrueux au
milieu des flots de la mer; en dessous, au milieu
d'une couronne de rinceaux, un cartouche à contours festonnés et portant une inscription en or
sur un fond rouge : autour, large bordure nuageuse
sur fond lilas.

Diam 0.36.

524 — Compotier côtelé à bord dentelé à bordure
arabesque rouge et or composée, sur le bord,
d'un fond de bâtons rompus et d'une rangée de
rosaces reliées par des rinceaux et formant la tête
d'une frange à pendeloques; au centre, médaillon à
fond ponctué de rouge sur lequel se détachent des
groupes de personnages sacrés, en couleurs — Au
revers, bordure analogue à la bordure intérieure.
En dessous, une inscription tracée en rouge.

Diam. 0.21.

525 — Bol hémisphérique à fond rouge vermiculé
d'or semé irrégulièrement de médaillons circulaires
décorés de personnages, animaux et de paysages.

Diam. 0.22.

526 — Deux plateaux ronds à fond rouge vermiculé
d'or portant trois médaillons ronds de dimensions
variées et décorés d'oiseaux et de fleurs.
En dessous, marque à neuf caractères.

Diam. 0.21.

527 — Deux petites jardinières ovoïdes à trois pieds
en forme de fruit. Fond rouge à rinceaux d'or et
décor de groupes de fleurs sur fond blanc.

Haut. 0.13. Diam. 0.12.

KIOTO

528 — Petit brûle-parfum composé d'une femme ac-
croupie et portant sur le dos une hotte treillissée,
couvercle ajouré composé de branchages à fleurs
en or et émail bleu.

Haut. 0.06. Diam. 0.08.

529 — Bouteille ovoïde à six pans à col cylindro-
conique. Couverte jaunâtre striée de feuillages
bruns et décor en bleu, vert et violet de manganèse d'un rocher fleuri.
En dessous, un cachet.

Haut. 0.165. Diam. 0.08.

530 — Brûle-parfum de forme hémisphérique à ouverture cylindrique et couvercle plat à parois ajourées.
Fond vert olive décoré en réserves de médaillons
variés de formes contenant des paysages en bleu et
des mosaïques émaillées en bleu, jaune et blanc.

Haut. 0.18. Diam. 0.10.

SATZUMA

531 — Bol hémisphérique décoré extérieurement de
rinceaux à feuillages bleus et or à rehauts de rouge;
à l'intérieur, bordure mosaïque; au fond, trois
dragons volant au milieu des nuages; tout ce décor
rappelle l'émail cloisonné.

En dessous, six caractères en or portant la fausse
date chinoise de *Tching-Hoâ*.

Haut. 0.095. Diam. 0 170.

532 — Gobelet cylindro-ovoïde sur piédouche, à décor
polychrome rehaussé d'or : scènes familières. A
l'ouverture bordure grecque tracée en rouge; à la
base, des rinceaux rouges sur fond d'or; sur le piédouche, bordure crénelée en or; à l'intérieur, bordure de rinceaux fleuris en rouge et or.

En dessous, une inscription en bleu sous couvert.

Pied en bois de fer.

Haut. 0.09. Diam. 0.08.

533 — Petite coupe formée par une fleur de pivoine
simple, accompagnée de feuilles et de boutons. La
fleur est teintée en rose et les feuilles en vert et en
bleu avec nervures d'or.

Haut. 0.04. Diam. 0.10.

534 — Paire de vases en forme de balustre à deux anses formées par des tiges de bambous ; décor polychrome, à bordure mosaïque; sur la panse, des éventails jetés et mêlés à des rosaces.

Haut. 0 27, Diam. 0.12.

535 — Vase cylindrique évasé à trois pieds découpés.
Fond brun à décor mosaïque en or, portant en réserve trois médaillons ornés de vases de fleurs polychromes, à l'intérieur, légère bordure à pendeloques.

Haut. 0.23. Diam. 0.26.

536 — Paire de bouteilles bursaires décorées, sur les
deux faces, de paysages montueux occupés par des
enfants et bordés à la partie supérieure par un
masque de crapaud ; sur les côtés, des fleurs enca-
drées d'un filet rouge ; à la gorge, ceinture de mosaïque ; à l'ouverture, bordure arabesque.

Haut. 0.43. Diam. 0.19.

FABRIQUES INDÉTERMINÉES

537 — Brûle-parfum ou cage composée d'un plateau

carré à fond mosaïque en vert, bleu, jaune et manganèse, encadré de branchages portant des feuilles
et des fruits, et d'une partie supérieure en dôme,
ajourée, formée de branchages entrelacés chargés
de grosses fleurs en relief ¡parmi lesquelles se joue
un chien de Fô.

Haut. 0.14. Diam. 0.14.

538 — Bouteille à corps quadrangulaire et petit goulot
évasé. Décor rouge, vert et or. Sur chaque face des
tiges fleuries et des oiseaux; sur l'épaulement,
bordures fond rouge à rinceaux blancs en réserve.

Haut. 0.210. Diam. 0.095.

539 — Bouteille de même forme décorée en bleu sous
couverte, rouge, lilas, vert et or de médaillons
réniformes et en forme d'éventails irrégulièrement
jetés sur une ornementation de pampres, parmi
lesquelles courent des loirs ; sur les médaillons
en forme d'éventail, des femmes en costume japonais; sur les autres, des bambous et des oiseaux,
ou des paysages tracés en or sur fond bleu ; sur
l'épaulement, Foung-hoang sur un fond de rinceaux d'or.

Haut. 0.200. Diam. 0.087.

540 — Deux bouteilles piriformes à ouverture évasée,
à cotes séparées par un petit filet bleu et or, décorées de branchages tracés en bleu et or et portant

des fleurs polychromes; les côtes se prolongent jusqu'aux deux tiers environ du col où elles sont arrêtées par un renflement annulaire, fond rouge à décor de rosaces et fleurettes; la partie supérieure est décorée de branches de chrysanthèmes contournées en rinceaux.

Haut. o.25. Diam. o.12.

541 — Plateau rectangulaire à angles arrondis et rentrant, bord brun; décor intérieur formé de reliefs en blanc d'engobe et d'une branche de pêcher fleuri en rouge et violet de manganèse; en dessous des arabesques et une bordure en bleu sur le rebord. Au milieu une inscription de quatre caractères indiquant la deuxième année de la période *Yang-Ing*, 1653.

Long. o.145. Larg. o.115.

542 — Deux plateaux évasés à bord lobé et relevé; décor en bleu sous couverte et couleurs de la famille verte; au centre, un médaillon lobé contenant des branches de pêcher en fleurs; autour, large bordure de bouquets et de fonds partiels bleu quadrillé d'or et blanc décoré de branches d'aubépine, surchargé de fleurs de chrysanthèmes armoriales.

Diam. o.22.

543 — Coupe hémisphérique élevée sur un pied cylin-

dro-conique, à bord doré ; décor laqué en rouge
noir et or, représentant un coq perché sur un
tonneau, dans l'intérieur duquel est une poule.

Haut. o.o65. Diam. o.15o.

544 — Bol hémisphérique à fond gros bleu, portant
un médaillon lobé entouré de feuillages d'or et
contenant des paysages ; sur chaque face, grande
réserve occupée par des branches fleuries de pivoines et de chrysanthèmes ; à l'intérieur, bordure
gros bleu à feuillages d'or et quatre réserves de
fleurs ; au fond, une branche de pêcher.

Haut. o.o76. Diam. o.155.

545 — Bol hémisphérique surbaissé, à couvercle
bombé à petite poignée dorée et son plateau ; sur un
fond caillouté en bleu sous émail se détachent des
médaillons circulaires, fond d'or décorés en rouge
et rose pâle, de personnages, alternativement, une
femme accompagnée d'un enfant, et une femme
tenant un éventail ; entre les médaillons, des tiges
de fleurs en or.
En dessous, un cachet.

Diam. o.34.

546 — Tasse hémisphérique et soucoupe décorées de
bordures mosaïques en bleu sous couverte, et une
frise de paysages en émaux de la famille verte, alternant avec trois médaillons oblongs contenant des

femmes japonaises en robe rouge, assises sur une terrasse ; au centre, médaillon rond encadré d'une bordure de feuillages dorés sur fond bleu sous couverte, contenant une femme en robe jaune assise et tenant une branche de fleurs.

Haut. de la tasse 0.056. Diam. de la soucoupe 0.140.

547 — Presse-papier figurant deux branches de chrysanthèmes, nouées ensemble par un cordon ; elles sont émaillées en brun et portent une fleur épanouie et deux boutons blancs, et deux feuilles en bleu sous couverte, dont l'une est chargée d'une mouche à miel émaillée en brun.

Long. 0.19.

548 — Coupe campanulée à piédouche émaillée extérieurement en violet et intérieurement en bleu turquoise. Décor en relief de trois oiseaux alternant avec des bouquets de bambou.

En dessous, marque à quatre caractères.

Haut. 0.11. Diam. 0.19.

549 — Coupe ronde à bord évasé. Couverte marbrée bleu turquoise et violet.

Diam. 0.24.

550 — Petite bouteille cylindrique à col rétréci en porcelaine vitreuse, décorée en couleurs et or de deux personnages se reposant au pied d'un arbre.

Haut. 0.16. Diam. 0.07.

551 — Plat à huit lobes décoré, au centre, d'un médaillon contenant un paysage, avec un personnage traversant un pont; encadré d'une large bordure en violet de manganèse; autour, bordure à fond bleu, portant des médaillons lobés décorés de chiens de Fô.

Diam. 0.34.

552 — Bol hémisphérique décoré en bleu sous couverte et en émaux de la famille verte; au pourtour extérieur, un paysage avec de nombreux personnages nimbés d'or; à l'intérieur, quatre médaillons lobés contenant des dragons, alternant avec d'autres plus petits et teintés en rouge; au fond, quatre caractères symétriquement disposés et entourés de nuages.

En dessous, une marque à six caractères.

Diam. 0.16.

553 — Petit bol couvert campanulé, décoré extérieurement en émaux de la famille verte, de nombreux chevaux courant sous des pêchers en fleur; à l'intérieur un kilin et bordure de paysage en bleu sous couverte.

Diam. 0.10.

554 — Boîte cylindrique entièrement ajourée à couvercle légèrement bombé, surmonté d'un bouton sphérique; le fond également ajouré est mobile;

au bord, à la base et autour du couvercle, légères
bordures de rinceaux fleuris en bleu sous couverte.

Haut. 0.065. Diam. 0.185.

555 — Coupe en forme de feuilles de nélumbo à vei-
nures bleues et contenant un petit crabe en ronde
bosse, émaillé en brun.

Diam. 0.11

ÉMAUX DE LA CHINE

556 — Grand plat creux à trois bordures : la première
de rinceaux bleus ; la seconde, fond jaune à fleurs
ornementales et quatre médaillons réservés contenant des bouquets de fleurs et de fruits ; la troisième composée d'une grecque bleue ; au centre
un paysage aquatique avec rochers et fabriques ;
au revers, bordure fond jaune à rinceaux fleuris,
entre deux autres bordures de rinceaux, l'une bleue
et l'autre rouge ; en dessous, un groupe de fruits
et de fleurs.

Diam. 0.33.

557 — Plat creux fond jaune, à rinceaux bleus enla-
cés de branches fleuries en couleurs, entourant
un grand médaillon encadré d'ornements en rose
pourpre et contenant un paysage rocheux animé

de personnages; revers jaune à rinceaux fleuris
parmi lesquels volent des chauves-souris; en dessous, un sceptre accompagné d'une chimère et
d'une chauve-souris.

Diam. 0.28.

558 — Plateaux à fond de mosaïque pavée lilas à trois
médaillons en réserve contenant des rochers fleuris et alternant avec d'autres médaillons plus
petits, ornés de paysages; sur ce fond, un grand
médaillon à six lobes entouré d'une bordure mosaïque clathrée verte, et représentant une déesse
accompagnée d'une suivante et d'un axis, portée
par un nuage au-dessus des flots de la mer; revers
rouge d'or; en dessous un groupe de fleurs et de
cédrats main de Fô.

559 — Deux petites coupes à marli, à bordure de rinceaux fleuris chargée de quatre médaillons contenant des fleurs et des insectes; au centre, sujets
légendaires : sur l'une, un personnage dans l'attitude de la terreur regarde un dragon qui vole
dans le ciel; sur l'autre, deux personnages dont
l'un tient une espèce de vase d'où s'échappe un jet
de fumée, au-dessus duquel apparaît une pagode;
au revers, des bouquets.

Pieds en bois de fer.

Diam. 0.115.

560 — Plateau oblong à quatre lobes fond bleu empois décoré en couleurs d'un rocher fleuri ; le revers émaillé en jaune paille est décoré de deux pêches de longévité.

Long. 0.210. Larg. 0.155.

561 — Plateau ovale fond bleu, décoré en couleurs d'un rocher entouré de branches de rose et de lis jaune, sur lesquelles sont perchés des oiseaux et un coléoptère ; le revers est émaillé en couleur saumon et décoré d'une branche fleurie.

Loug. 0.205. Diam. 0.140.

562 — Déux jardinières en forme de sabot de cheval en émail cloisonné fond bleu turquoise, décoré de fleurs au milieu desquelles se trouvent des oiseaux : grues, faisans et perdrix. Monture à trois pieds formée par des tiges de bambou en bronze doré.

Long. 0.15.

563 — Plateau octogone en émail peint fond vert : au centre, un vase contenant des fleurs, dans un encadrements de filets bruns portant des chauves-souris aux quatre pans coupés : au pourtour, des objets sacrés ; l'extérieur, émaillé en rose, est décoré de rinceaux en bleu.

En dessous, inscription de quatre caractères.

Diam. 0.21.

564 — Bol hémisphérique et son plateau en émail
peint ; fond de mosaïques variées de dessins et de
couleurs, sur lesquels se détachent des médaillons
lobés contenant des fleurs et des oiseaux. Le revers
du plateau est émaillé en carmin.

En dessous, une branche fleurie.

Diam. du bol 0.13. Diam. du plateau 0.21.

565 — Deux petits bols hémisphériques à piédouche ;
émail peint polychrome, fond gris verdâtre orné de
fleurs ornementales, sur lequel se détachent des
médaillons oblongs contenant des paysages avec
des personnages mythologiques de style européen.

Diam. 0.095.

JADE ET VERRERIE

566 — Flacon à tabac en jade gris brunâtre, figurant
une courge à deux renflements pourvue de ses
feuilles ; le bouchon est en verre imitant le jade
vert.

Haut. 0.098.

567 — Bouteille à corps sphérique et long col cylindrique, sur piédouche cylindro-conique ; verre
épais jaune soufre.

En dessous un cachet gravé de quatre caractères.

Haut. 0.22. Diam. 0.11.

568 — Flacon à tabac de forme orbiculaire aplatie,
portant sur chaque côté un médaillon ovale saillant
et gravé d'ornements; sur une face, décor peint
représentant un coq perché sur un rocher; de
l'autre, une inscription tracée en noir; le bouchon
est formé par un fruit entouré de feuilles, en verre
imitant le jade.

Haut. 0.075. Diam. 0.055.

569 — Petit bol campanulé et côtelé, en verre opalin
veiné de rose.

Diam. 0.10.

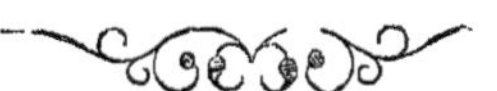